Hermann Schmitz

Preußische Königsschlösser

ARCHITECTURA

UNIVERSALIS

Herausgegeben
von
Ulrich Conrads
und
Helmut Geisert

Hermann Schmitz

Preußische Königsschlösser

Mit einem Nachwort zur Neuausgabe
von
Goerd Peschken

Gebr. Mann Verlag · Berlin

Die Deutsche Bibliothek – CIP-Einheitsaufnahme

Schmitz, Hermann:
Preußische Königsschlösser / Hermann Schmitz. Mit einem Nachw. zur Neuausg.
von Goerd Peschken. – Berlin: Gebr. Mann, 1999
(Architektura universalis)
ISBN 3-7861-1849-3

Gedruckt auf säurefreiem Papier, das die US-AINSI-NORM über Haltbarkeit erfüllt.

Umschlagentwurf: Wieland Schütz · Berlin
Gesamtherstellung: H. Heenemann · Berlin

Printed in Germany · ISBN 3-7861-1849-3

I N H A L T

VORWORT

Die von dem preußischen Königshause in den Hauptstädten Berlin und Potsdam und in dem Kernlande der Monarchie, der Mark Brandenburg, geschaffenen Schlösser stehen mit in der vordersten Reihe der Denkmäler der deutschen Baugeschichte. Durch die Staatsumwälzung sind diese bedeutsamen Zeugnisse unserer nationalen Kunstentwicklung, die die Fürsten zusammen mit dem Volke in mehrhundertjähriger Arbeit geschaffen, dem Freistaat zugefallen. Dieses Buch unternimmt es, zum erstenmal diese bedeutende künstlerische Erbschaft, die das Hohenzollernhaus dem Preußenlande hinterlassen, in großen Zügen zusammenfassend einem breiteren Publikum nahezubringen. Natürlich kann die durch die Form des Buches vorgeschriebene knappe Darstellung und beschränkte Bilderauswahl nicht entfernt den Stoff erschöpfen. Durch die Verzögerung der Auseinandersetzung zwischen Krone und Staat ist die preußische Kunstverwaltung überdies noch nicht imstande gewesen, die Schlösser der vaterländischen Forschung in ihrem ganzen Umfang und der Bedeutung des Gegenstandes für die Kultur unseres Landes gemäß zu erschließen. Infolgedessen können die Untersuchungen und Aufnahmen nicht auf die notwendige breite Basis gestellt werden. In vielen Fällen muß sich die Auswahl auf das bereits unter dem letzten Kaiser und König gesammelte Material stützen. Der Verfasser fühlt sich gedrängt, an dieser Stelle dem Kaiser den Dank der Forschung für die bis zur Staatsumwälzung so häufig und in generösester Weise gewährte Förderung auszusprechen. Das Buch soll keine topographische Beschreibung der Schlösser geben, deren aus älterer und neuerer Zeit bereits mehrere vorhanden sind, sondern eine Kennzeichnung der wichtigsten Bauten unter dem Gesichtspunkt der Stellung der Schöpfungen untereinander und im Zusammenhang mit der allgemeinen deutschen Baugeschichte. Daher sind auch in einzelnen Fällen Kupferstiche und Aufnahmen von untergegangenen Bauten hinzugezogen. Das Schwergewicht liegt, den Zielen

dieser Folge entsprechend, in der Würdigung der rein architektonischen Seite, unter Berücksichtigung auch der umgebenden Plätze, Gärten und Parkanlagen. Die gerade in den preußischen Schlössern so ungemein zahlreichen und gut erhaltenen Innenausstattungen können nur in Beziehung auf die Raumbildung im ganzen betrachtet werden, während die Dekoration im einzelnen und das wertvolle Mobiliar bloß gestreift werden können. Wir sind in der glücklichen Lage, aus älterer Zeit mehrere ausführliche Darstellungen über unsere Schlösser und ihre Geschichte zu besitzen, von Nicolai, Manger, Österreich, Rumpf aus dem 18. Jahrhundert, von Kopisch und Schasler aus der Mitte des 19. Jahrhunderts. Dohme, Paul Seidel, der langjährige treue Verwalter der Schlösser bis zur Staatsumwälzung, Borrmann, Geyer, C. F. Foerster und Kania haben in neuerer Zeit die Forschung über die Baugeschichte der Schlösser gefördert. Die spätere Zeit des 18. Jahrhunderts ist durch die Veröffentlichungen des Verfassers über die „Berliner Baumeister vom Ausgang des 18. Jahrhunderts“, über Paretz, das Marmorpalais und die Wohnräume vor hundert Jahren ins Licht gerückt worden.
Mit dem Hinweis auf den künstlerischen Schatz, den der preußische Volksstaat in den Schlössern des ehemaligen Königshauses besitzt, soll dieses Buch zugleich eine Mahnung sein, diesen Schatz der heimischen Forschung und damit der Volksbildung und auch der praktischen Kunsterziehung im weitesten Umfange zugänglich zu machen, wie es in anderen Ländern der Fall ist und wie es auch in Preußen bis auf gewisse erklärliche Einschränkungen früher üblich war — wofür die große Zahl älterer stattlicher Publikationen der Schlösser Zeugnis ablegt. Der augenblicklich währende Zustand, daß die sachgemäße Bearbeitung dieses Stoffes mit größeren Schwierigkeiten verknüpft ist als unter der Monarchie, kann und darf kein dauernder sein. Der Volksstaat erfüllt seine Verpflichtung diesem ihm zugefallenen nationalen Erbe gegenüber erst dann voll und ganz, wenn er es im Dienste der schöpferischen Arbeit des Landes fruchtbar macht.

Berlin, im Herbst 1925

HERMANN SCHMITZ

BEDEUTUNG UND CHARAKTER DER PREUSSISCHEN KÖNIGSSCHLÖSSER

Mit Unrecht treten in der allgemeinen geschichtlichen Beurteilung des preußischen Königshauses seine Bau- und Kunstschöpfungen vor seinen kriegerischen, staatsmännischen und wirtschaftspolitischen Erfolgen in den Hintergrund. Auch auf dem Gebiete der künstlerischen Kultur, wie sie die frühere Zeit verstand, hat das Hohenzollernhaus in der zweihundertjährigen ruhmreichen Geschichte des preußischen Königtums bis zur Ablösung der absoluten Gewalt durch die Konstitution der Revolution von 1848 eine bewundernswerte schöpferische Kraft entwickelt. Um so bewundernswerter, da die Mittel des Landes beschränkt und sein Boden überwiegend kärglich waren. Die von dem Großen Kurfürsten bis zu Friedrich Wilhelm IV. in fast ununterbrochener Folge in Berlin und Umgebung geschaffenen Schlösser mit ihren architektonischen Umgebungen, Gärten und Parkanlagen bilden als Ganzes eine der großartigsten Erscheinungen in der neueren deutschen Kunstgeschichte.

Allerdings muß man sich vergegenwärtigen, daß das brandenburgisch-preußische Königshaus neben dem Kaiserhause in Wien nur eine, allerdings die bei weitem mächtigste einer Reihe von Dynastien und fürstlichen Gewalten des alten Deutschland war. Die Gliederung des alten deutschen Reiches in eine Reihe mehr oder minder kräftiger Fürstentümer hat bekanntlich einen geschlossenen Entwicklungsgang der Schloßbaukunst im Zeitalter der Spätrenaissance, des Barock und der Folgezeit, wie ihn Frankreich unter Ludwig XIII. bis zu Ludwig XVI. aufweisen kann, verhindert. Unsere Baukunst zerfällt während dieser Epoche in eine Reihe von Schulen der verschiedenen Residenzen, unter denen neben Wien und Berlin die von München, Dresden, Stuttgart, Kassel und der Bistümer am Main und Rhein und in Westfalen hervorragen. Innerhalb dieser lokalen Bauschulen geht die Entwicklung wiederum nur selten in ununterbrochenem Zuge fort; der Wechsel der

Fürsten hat sie oft abgebrochen oder in andere Bahnen geleitet. Dies bewirkte häufig eine Verschiebung des künstlerischen Schwergewichtes von dem einen Mittelpunkt zum andern. So ist beispielsweise die durch Friedrich I. in Berlin ins Leben gerufene Barockkunst in ihrem Fortgang durch den Nachfolger Friedrich Wilhelm I. beschränkt und in andere Wege geleitet worden. Mehrere Berliner Künstler begaben sich nach Friedrichs I. Tode nach Dresden, das unter August dem Starken in der Zeit des Spätbarock und der Regence eine führende Stellung gewann und nun seinerseits wieder einwirkte auf die Schaffung der Berliner Rokokokunst in der Frühzeit Friedrichs des Großen. Nach dem Tode Friedrichs des Großen hat sein Nachfolger Friedrich Wilhelm II. ganz plötzlich den Frühklassizismus in die Berliner Schloßbaukunst eingeführt; abermals erklärt sich dies dadurch, daß in dem benachbarten Anhalt-Dessau und an anderen kleinen Höfen, z. B. dem des Prinzen Heinrich in Rheinsberg, der neue Stil schon mehr als ein Jahrzehnt vorher in der Stille hatte ausreifen können. Diese vielfältige Spaltung in lokale Entwicklungen, dieser wechselseitige Austausch der Künstler und Formen machen die deutsche Baugeschichte des Barockzeitalters äußerst verwickelt, aber auch äußerst fesselnd. Verfolgen wir, wie in dem vorliegenden Buche, einen bestimmten Weg eben in dem Entwicklungsgang der preußischen Königsschlösser, so ist es nach dem Gesagten zum Verständnis unerläßlich, hin und wieder dort einzuhalten, wo sich dieser Weg mit dem der Baugeschichte anderer deutscher Mittelpunkte künstlerischer Kultur kreuzt.

In höherem Maße noch als die Schöpfungen der anderen Fürsten des Barockzeitalters sind die Bauunternehmungen des brandenburgisch-preußischen Königshauses von dem persönlichen Willen der fürstlichen Bauherren bestimmt worden. Dem dünn bevölkerten, in weiten Strecken unfruchtbaren, durch den Dreißigjährigen Krieg schwer mitgenommenen Lande fehlte das bodenständige Element im Volkstum, das, wie in Österreich, in Süddeutschland und am Rhein, die von den Fürsten ins Leben gerufene Kunst hätte tragen können. Die beiden kleinen Residenzstädte an den Ufern der Spree und Havel waren ohne reiches Patriziat, das Land ohne freien wohlhabenden Bauernstand. Der Adel, ebenfalls arm, vermochte sich nur in der Zucht des preußischen Militär- und Beamtendienstes zu erhalten, und diese waren nicht der Boden für die

Pflege feinerer Kultur. Nur vereinzelt gelang es seit Friedrich I. einflußreichen Staatsministern und Generalen, die aus dem Adel hervorgingen, zu größeren Reichtümern zu gelangen, und deren Schloßbauten sind denn auch nicht ohne Bedeutung für die Entwicklung der Baukunst gewesen.

Als der Große Kurfürst die Schlösser seiner Väter in den Formen des Barock auszubauen begann, war Berlin noch eine enge Kleinbürgerstadt auf dem rechten Spreeufer und von den Fenstern des Residenzschlosses am linken Ufer schweifte der Blick über den Lustgarten zu den sumpfigen Wiesen und urwaldmäßigen Waldungen des Tiergartens hin. Potsdam war damals, als der Große Kurfürst das weiträumige Schloß nach dem Vorbild der Schlösser seiner holländischen Verwandten, der Oranier, begann, nur ein schmaler Fischerort am Ufer der Havel entlang. Von allen Seiten her, von Holland, aus den süddeutschen Reichsstädten, von Italien und Frankreich und Wallonien mußten Künstler und Handwerker berufen werden; nur vereinzelte Märker und Preußen finden sich darunter. Selbst das Baumaterial, der Stein, mußte von auswärts geholt werden, in erster Linie der dunkelgraue Sandstein von der Elbe aus der Gegend von Torgau und hauptsächlich von Pirna. Aber nur Teile der Bauten konnten in Stein errichtet werden, überwiegend mußte man sich auf die Verputzung des Ziegelmauerwerkes beschränken. Unter dem Großen Kurfürsten und später wurden holländische Ziegelbrenner und Maurer berufen, die den Ziegelrohbau pflegten, der schon im Mittelalter ein bevorzugtes Baumaterial in der Mark Brandenburg gewesen war. Allerdings hat der mit Steingliedern durchsetzte Rohziegelbau leider nicht die Ausbreitung gefunden, die er verdient hätte. Es scheint, als wenn die damalige Ziegelbrennerei der Mark, deren Mittelpunkte von altersher die Gegend von Werder und Rathenow war, mit dem märkischen Lehm und Sand im allgemeinen es nur zu den grau und braun gebrannten Klinkern brachte, in denen später auch Schinkel und Persius einiges in unseren Schloßparks errichteten, aber nur selten zu dem schönen rotgebrannten holländischen Backstein.

Doch ist unleugbar, und gerade die Kritik süddeutscher Kunstfreunde beweist es immer wieder, daß die Schlösser der Preußenkönige Gewächse dieses Bodens sind. Die umbildende Kraft des Erdreichs und der Luft nicht nur, die in jeder lebensvollen Architektur wahrnehmbar ist, sondern auch die besondere geistige Kraft des Hohenzollernhauses und der Monarchie haben sich in diesen Schöpfungen ausgeprägt. Es verkörpert sich unbedingt in diesen Bauwerken ein Zug der eigentümlichen Art, die der unter dem Hohenzollernhause auf dem Boden der Mark Brandenburg geschaffenen staatlichen Bildung innewohnt. In dieser Entwicklung wirkt etwas von der Energie, die Fürstenhaus und Volk zu ihrer Machtstellung emporgeführt haben. Nicht zufällig übertrifft das gewaltige Königsschloß Friedrichs I. alle übrigen deutschen Schlösser der Zeit und selbst das Kaiserschloß in Wien an Wucht und imponierender Größe. Und ebenso stellen die Schöpfungen Friedrichs des Großen in Potsdam und Charlottenburg nicht zufällig die höchste Vergeistigung und Verlebendigung des deutschen Rokokostiles dar. Mit diesen Schöpfungen Friedrichs I. um 1700 — mit dem Werke Schlüters — und mit denen Friedrichs des Großen vor dem Siebenjährigen Kriege um 1740 bis 1750 — den Bauten Knobelsdorffs — sind die beiden Höhepunkte in der Geschichte der Königsschlösser bezeichnet. Höhepunkte in der Geschichte der deutschen, ja wir können ruhig sagen der europäischen Baukunst überhaupt. Wobei freilich die für die ganze deutsche Baukunst geltende Einschränkung zu machen ist, daß der Wert dieser Bauten nicht in der Gestaltung neuartiger Grundriß- und Aufriß- oder Raumgedanken liegt, sondern in der allerdings genialen Umprägung von Formgedanken der italienischen, beziehungsweise französischen Barockarchitektur. Von den übrigen Etappen ist die bedeutendste und reichste an besonderen Werten die unter Friedrich Wilhelm II. erblühende frühklassizistische im letzten Drittel des 18. Jahrhunderts gewesen, die sich durch einen einzig dastehenden Schatz an wohl erhaltenen Raumausstattungen auszeichnet. Langhans und D. Gilly sind ihre wichtigsten Vertreter.

Wir können uns heute, wo die Mehrzahl der Schlösser von modernen Häuservierteln umgeben, wo selbst ein solcher Riesenbau wie das Berliner Schloß durch die benachbarten Baugruppen und durch das ungeheuere Anwachsen der Stadt in seiner zentralen Bedeutung kaum noch erkenntlich ist, da können wir uns kaum noch vorstellen, welche beherrschende Rolle die Schlösser im 18. Jahrhundert gespielt haben als die Mittelpunkte des öffentlichen wie des künstlerischen Lebens.

Diese für die damalige Zeit gewaltigen Bauunternehmungen haben nicht nur die Baukunst und zahlreiche bei der Außen- und Innenausstattung mitwirkende Kunsthandwerker befruchtet und damit die künstlerische Kultur des Landes befördert oder gar erst ins Leben gerufen: die Fürstenschlösser mit den umgebenden Plätzen und Gärten und den ausstrahlenden Straßen und Alleen haben auch den Ausbau der Städte richtunggebend beeinflußt. So wurde vom Lustgarten vor dem Berliner Schloß aus durch den Großen Kurfürsten die sechsreihige breite Lindenallee, die heutige Straße „Unter den Linden" zum Tiergarten angelegt. Sie wurde durch den Nachfolger Friedrich I. durch den Tiergarten hindurch bis zum Schlosse Charlottenburg geführt, das seinerseits mit dem weiten Vorplatz und der Schloßstraße der Mittelpunkt einer neuen Stadt wurde. Auch zu anderen Lustschlössern um Berlin und Potsdam haben diese Fürsten und ihre Nachfolger Alleen gebaut, von denen in Berlin diejenigen zu den Schlössern Niederschönhausen und Friedrichsfelde stellenweise und diejenigen bei Potsdam fast alle erhalten sind. Bemerkenswert sind die vom Schlosse Schwedt an der Oder nach allen Seiten ins Land eilenden Alleen, deren mittelste, von der Hauptachse des Schlosses nach dem Lustwalde Mon Plaisir führende von außerordentlicher Breite jederseits mit zwei Reihen von Kastanien und vor dem Schlosse mit Reihen zweistöckiger Häuser besetzt ist. Diese Stellung der preußischen Königsschlösser in der städtebaulichen Entwicklung kann hier nur gestreift werden. In seltener Einheitlichkeit zeigt sich heute noch die Umgebung des Potsdamer Stadtschlosses mit dem Markt nach der Stadtseite und mit dem Lustgarten auf der Havelseite, der von Kolonnaden, dem langen Stall und Mauern eingefaßt westwärts in der Breitenstraße mit der Garnisonkirche seine Fortsetzung und endlich durch ein Stadttor mit Obelisken seinen fernen Abschluß findet. Seit dem Aufkommen des englischen Gartenstils erstreckten sich die Verschönerungsbestrebungen der Fürsten über die engere Parkumgebung hinaus, und so haben Friedrich Wilhelm II., III. und IV. die Havellandschaft und die sie umgrenzenden Höhen zwischen Potsdam und Berlin großenteils zu ihrer heutigen Form umgestaltet.

GESCHICHTLICHER ÜBERBLICK ÜBER DIE PREUSSISCHEN KÖNIGSSCHLÖSSER.

Der Große Kurfürst, Friedrich Wilhelm von Brandenburg (1640—1688), der die Mark aus den Trümmern des Dreißigjährigen Krieges neuaufgebaut und durch seine Politik den Grund zur Macht der brandenburgisch-preußischen Monarchie legte, schuf auch die Grundlagen für die neuere Entwicklung der Schlösser seines Hauses.

Der Große Kurfürst fand bereits von seinen Vorfahren her eine Reihe von Schlössern vor, unter denen das Berliner Schloß in der Ausdehnung wenigstens sogar dem heutigen gleichkam. Das unter dem zweiten brandenburgischen Kurfürsten aus dem Hohenzollernhause, Friedrich II. Eisenzahn, als Zwingburg gegen die Städte Berlin und Köln an der Spree errichtete Schloß war durch den Kurfürsten Joachim II. in der Mitte des 16. Jahrhunderts beträchtlich erweitert worden mit zwei großen rechteckigen Höfen im heutigen Umfang, nach dem Schloßplatz zu mit einem stattlichen dreistöckigen Giebelbau und mit niedrigen Altanbauten um den äußeren Hof. An der Spree fügte der Nachfolger Johann Georg das Haus der Herzogin und die Apotheke hinzu, beide heute noch erhalten und mit ihren Rollwerkgiebeln die Herkunft der Baumeister aus dem Kreise der sächsischen Renaissance bekundend, dem auch der Schöpfer des Schlosses Joachims II., Kaspar Theiß, und der noch erhaltenen spätgotischen Kapelle neben dem grünen Hut angehörten. Auf der Ecke des äußeren Schloßhofes entstand der sogenannte Münzturm, mit einem Wasserwerk zur Bewässerung des zugleich entstandenen Lustgartens zwischen dem Schloß und den beiden Spreearmen. Außerdem erbte der Große Kurfürst die Jagdschlösser Grunewald, wieder eine Schöpfung Joachims II., heute noch erhalten und vom Tiergarten aus durch den so berühmt gewordenen „Kurfürstendamm" erreichbar, dann Köpenick, Potsdam und Bötzow, das heutige Oranienburg, die aber in den späteren Umbauten aufgegangen sind. Die meist schmucklosen, enggebauten, durch äußere Treppentürme zu-

gänglichen, mit steilen Dächern und Rollwerkgiebeln bekrönten Bauten der Renaissance konnten unmöglich dem lange Jahre hindurch am oranischen Hofe im Geiste der neuen Zeit, des Barock, erzogenen Kurfürsten Friedrich Wilhelm und seiner von dort her mitgebrachten Gemahlin Luise Henriette von Oranien Genüge tun.
Bald nach seiner Thronbesteigung und vor allem nach Beendigung des Dreißigjährigen Krieges berief der Kurfürst mehrere holländische Architekten, Bildhauer, Maler, Kunsthandwerker und Gärtner und begann in Berlin und Potsdam und der Umgegend eine Reihe von Schloßgebäuden, Lustschlössern und Gärten im neuesten holländischen Geschmack zu errichten. An der Spitze dieser Künstlerkolonie standen Johann Gregor Memhardt, Festungsingenieur und Architekt, der Wasserbau- und Schleusenbaumeister M. Smids, denen sich noch der Ingenieur Rykwaerts hinzugesellte. Gegen Ende der Regierung des Großen Kurfürsten wurde Nering der Oberleiter des Bauwesens, auch er ein Vertreter der holländisch-paladianischen Richtung, die durch Memhardt eingeführt worden war und als Nachfolger Memhardts dessen Fortsetzer im Ausbau der neuregulierten und um mehrere Stadtviertel links der Spree erweiterten Residenz. Er blieb auch als Oberbaudirektor unter dem Nachfolger des Großen Kurfürsten, Friedrichs III., bis zu seinem Tode 1695 der wichtigste Baumeister der Schlösser. Nur weniges ist aus dieser fünfzigjährigen Epoche erhalten, darunter aus der Spätzeit der Bibliotheksflügel des Berliner Schlosses, das von dem Niederländer Rütger von Langerfeld für Friedrich III. als Kurprinzen 1681 erbaute stattliche Schloß Köpenick an der Oberspree und der von Nering für Friedrich III. ausgeführte Bau des Schlosses Oranienburg in seinen Hauptteilen. Von Innenräumen dieser älteren durch den holländischen Geschmack bestimmten Barockrichtung sind die Kapelle des Großen Kurfürsten im Schloß und die Wohnung Friedrichs III. um 1690 im Berliner Schloß wie einiges in Köpenick zu nennen.
Der prunkliebende und großzügige, nach sichtbarem Ausdruck königlicher Machtfülle strebende Friedrich III. als König Friedrich I. (1688—1713) und seine Gemahlin Sophie Charlotte aus dem Hause Hannover, die Freundin ihres Landsmannes Leibniz, konnten sich auf die Dauer mit dem schlichten holländischen Barockstil nicht begnügen. Namentlich als in den letzten Jahren des 17. Jahrhunderts die Erhebung des

Kurhauses zur Königswürde in greifbare Nähe trat, erwachte in dem Fürsten die Begierde, ein den glanzvollsten Palastbauten der europäischen Fürstenhöfe ebenbürtiges Residenzschloß zu errichten. In dem im italienischen Künstlerkreise des Polenkönigs Johann Sobieski in Warschau geschulten Hamburger Andreas Schlüter fand der Kurfürst einen Meister, der zur Gestaltung dieses großen Baugedankens wie kaum ein zweiter berufen war. Mit seinen Schöpfungen zieht der römische Barok, die Richtung Berninis und Pietro da Cortonas in die Mark ein und, befruchtet und bereichert durch Gedanken der Pariser Kunst unter Ludwig XIV., entfaltet er sich an den Ufern der Spree zu einer späten herrlichen Blüte. Nachdem der als Bildhauer und als Architekt überragende Schlüter auf der Höhe seines Ruhmes durch den Einsturz des großartig geplanten Ausbaues des Münzturmes am Berliner Schloß im Jahre 1707 seine Stellung als Schloßbaudirektor eingebüßt, übernahm sein Rivale Eosander von Goethe, ein geborener Schwede, die Verdoppelung des Schlosses. Er erweiterte auch für Sophie Charlotte das von Nering begonnene Schloß in Charlottenburg und begann das kleine Lustschloß in Monbijou für den allmächtigen Minister Wartenberg und vielleicht Niederschönhausen für den König. Eosander, als Innendekorateur hinter Schlüter kaum zurückstehend, neigt in dem Äußeren seiner Bauten und dem Inneren teilweise stärker der akademischen Pariser Geschmacksrichtung zu, die in Berlin damals durch Jean de Bodt, einen Schüler des älteren Blondel, mit dem Zeughaus und dem Marktportal am Potsdamer Stadtschloß Fuß gefaßt hatte. Nach dem Tode Friedrichs I. verließen die beiden Schöpfer des Schlosses Schlüter und Eosander mit vielen anderen Künstlern und Handwerkern Berlin, Schlüter ging an den Hof Peters des Großen und Eosander an den Augusts des Starken nach Dresden, wo später auch de Bodt und sein mit ihm nach Berlin gekommener Freund Longuelune einen Wirkungskreis fanden.

Durch die einschneidenden, aber infolge die Schuldenlast seines Vaters notwendig gewordenen Sparmaßnahmen des Soldatenkönigs Friedrich Wilhelms I. (1713—1740) ist der großartige Betrieb im Schloßbauwesen des preußischen Hofes stark beschränkt worden. Aber die Berliner Schloßbauschule hat doch keine eigentliche Unterbrechung erfahren. Unter dem neuen König ist durch Schlüters Schüler Böhme in genauem Anschluß an Schlüters Formen das Berliner Schloß durch den Flügel am Schloßplatz im Jahre 1716 vollendet worden. Für den Vetter des Königs, den Markgrafen von Schwedt, einer durch die zweite Gemahlin des Großen Kurfürsten begründeten Nebenlinie des Königshauses, erbauten in den folgenden Jahren Böhme und Dietrichs das stattliche, wenigstens im Äußeren wohlerhaltene Schloß in Schwedt und in und bei Berlin schufen diese und andere Baumeister eine Reihe von Palästen und Schlössern für die Prinzen und aus dem Adel hervorgegangenen hohen Staatsbeamten. Neben Dietrichs, dem Schöpfer des Prinzessinnenpalais, ist der Oberbaudirektor Gerlach, unter dem die Friedrichstadt bis zur Wilhelmstraße ausgebaut wurde, der hervorragendste Vertreter der Schloßbauarchitektur unter Friedrich Wilhelm I. Die Richtung der französischen Akademie, die durch de Bodt — bis 1728 Festungskommandant von Wesel — eingeführt worden war, ist in der hufeisenförmigen Anlage der meisten Schlösser, in der symmetrischen Gruppierung der Zimmer um die Mitte und im Aufriß und in der Mansarddachbildung zur Vorherrschaft gelangt, während in den herrlichen Turmbauten der zahlreichen Kirchen des Soldatenkönigs teilweise Gedanken der Schlüterschen Münzturmprojekte fortleben und in einigen Jagd- und Lusthäusern des Königs in Backsteinrohbau bezeichnenderweise das holländische Element wieder zutage tritt. Dagegen hatte die Königin Sophie Dorothea aus dem Hause Hannover, eine Schwester Georgs I. von England, ihr Schlößchen Monbijou, das sie 1710 von Friedrich I. zum Geschenk erhalten hatte, dem feineren Geschmack der Regence eröffnet. Sie legte die ersten Keime zu der künstlerischen Empfindung ihres Sohnes Friedrich.

Friedrich der Große (1740—1786) hatte bereits als Kronprinz seit 1735 in dem Schloßbau und Park von Rheinsberg zusammen mit seinem Freunde Georg Wenzeslaus von Knobelsdorff die Bahnen einer neuen Kunstrichtung betreten, die aus dem Barock in das Rokoko hinüber führte. In den ersten Jahren nach seiner Thronbesteigung schuf der König mit Knobelsdorff den Ostflügel des Charlottenburger Schlosses, in dem sich der Rokokostil voll entfaltet zeigt, zwischen 1745 und 1750 entstehen die Schöpfungen des Potsdamer Stadtschlosses mit seiner Umgebung und die von Sanssouci. Stellt Schlüters Werk den Höhepunkt des Barock vor Augen, so erscheint hier das Rokoko in seinem

höchsten Glanz. Durch Knobelsdorffs Reise nach Paris und durch den dekorativen Bildhauer Joh. Aug. Nahl, wie auch durch Friedrichs Leidenschaft für die französische Malerei und Skulptur ist das französische Moment jetzt von der gleichen richtunggebenden Bedeutung wie das römische unter Schlüter. Nur einzelne bemerkenswerte Fäden laufen in der Berliner Bautradition von Schlüter bis zu Knobelsdorff hin. Es sind namentlich die ausführenden Architekten der Knobelsdorffschen Bauten, die die Tradition des Berliner Barock in die Zeit des Rokoko hinüberführen. Die Gartenkunst, die unter Friedrich Wilhelm I. fast ganz militärischen und landwirtschaftlichen Zwecken geopfert worden war, belebt sich von neuem: Lustgärten mit Bassins, Grotten und Lauben erstehen und bevölkern sich wie die Attiken der Gebäude mit Scharen von Göttern und Musen aus Marmor, Stein und Blei.
Nach dem Siebenjährigen Kriege hat die Bautätigkeit des großen Königs eher zu- als abgenommen. Von den Schloßbauten zeugen dafür die Riesenanlage des Neuen Palais mit den „Kommuns" und der Umgebung in dem erweiterten Park von Sanssouci. Die führenden Baumeister sind jetzt Gontard und Unger aus Bayreuth, die bereits den französischen Frühklassizismus vertreten. In der Innendekoration hält der alte König länger am Rokokostile fest. Erst in den letzten Dekorationen des neuen Palais im Obergeschoß und vereinzelt in den neuen Kammern bei Sanssouci gewinnt der Louisseizegeschmack Eingang. Ein eifriger Förderer des neuen war der Bruder des Königs Prinz Heinrich, der bald nach dem Siebenjährigen Kriege das Rheinsberger Schloß neu ausstattete und auch in Berlin durch den großen Saal seines dortigen Palais, der heutigen Universität, den klassizistischen Formen Vorschub leistete. Mit dem von dem Prinzen Ferdinand, dem zweiten Bruder des großen Königs, erbauten Schloß Bellevue entstand kurz vor dem Tode Friedrichs ein Bau ganz in den neuen Formen, die zuerst durch Erdmannsdorff in Dessau in Norddeutschland ihr Gepräge erhalten hatten.
Mit der Thronbesteigung Friedrich Wilhelms II. (1786—1797) setzt die Blütezeit des Berliner Frühklassizismus ein, unmittelbar durch den von Dessau zur Einrichtung der Königskammern berufenen Erdmannnsdorff gefördert. Der führende Architekt als Schloßbaumeister ist jetzt Karl Gotthard Langhans, berühmt als Erbauer des Brandenburger Tores,

der Schöpfer zahlreicher schöner Schloß- und Parkgebäude und einer der glänzendsten Innendekorateure des Frühklassizismus. Einzelne Schöpfungen David Gillys, Ludwig Catels und Heinrich Gentz' für Friedrich Wilhelm III. bilden den Abschluß dieser Gruppe von Bauten, deren späteste bereits in die Zeit der Niederwerfung Preußens durch Napoleon fallen.
Nach den Freiheitskriegen beginnt unter Schinkels Oberleitung die letzte Epoche in der Geschichte der preußischen Königsschlösser, die mit Friedrich Wilhelm IV. ein Jahrzehnt nach der Revolution von 1848 ihr Ende erreicht.

DER GROSSE KURFÜRST UND DIE FRÜHZEIT KURFÜRST FRIEDRICHS III.

MEMHARDT UND NERING /UM 1640–96/

Zwar sind die umfangreichen Schloßbauten des Großen Kurfürsten bis auf einige Überreste verschwunden oder in späteren Umbauten aufgegangen, aber ein Überblick darüber ist notwendig, weil sie die Grundlagen für die spätere Entwicklung bilden. Das Berliner Residenzschloß mit seiner unregelmäßigen, vom 15. bis zum Ende des 16. Jahrhunderts entstandenen Gruppe von Bauten längs der Spree und den zwei großen Höfen nach Westen mußte zunächst nach dem Verfall infolge des Dreißigjährigen Krieges instand gesetzt werden. Die Oberleitung erhielt im Jahre 1642 der holländische Ingenieur Johann Gregor Memhardt (gest. 1678). Nur ein Neubau kam damals zustande: die Kapelle neben dem „Grüner Hut“ genannten mächtigen Rundturm, dem Überrest der ältesten Burg Friedrichs II. aus dem 15. Jahrhundert (Tafel 1). Die um 1645 entstandene Kapelle, eingeklemmt in einen engen Hof, ist außen schlicht, im Innern aber ist der quadratische, mit flacher Kuppel und durchbrochener Laterne bekrönte Raum aufs reichste und bemerkenswerteste verziert. Die Wände sind durch Pilaster gegliedert — auch in die Ecken sind gebrochene Pilaster eingestellt. In der Mitte sind große Kartuschen mit Knorpelwerkrahmen in der Art von Elefantenohren und mit üppigen Fruchtgehängen belebt. Die Gewölbe zieren reiche Akanthusranken und selbst die Pilaster sind von stark profilierten Eierstableisten eingefaßt. Diese unter Memhardts Oberleitung entstandene Kapelle zeigt in ihrer kubischen Form wie auch im einzelnen der Ornamentik drastisch die Übernahme des holländischen Barockstils. Das Ornament gehört zu jener von Paul von Vianen und Quellinus bestimmten niederländischen Dekorationsweise, in der das Rahmen- und Knorpelwerk der Spätrenaissance mit den Frucht- und Blumenmotiven des Frühbarock sich verschmelzen. Der bisher noch nicht veröffentlichte Raum gehört zu den wichtigsten Denkmälern der Anfänge des Barock in Norddeutschland.

Gleichzeitig mit der Instandsetzung des Schlosses ließ der Große Kurfürst um 1650 den an der Nordseite des Schlosses gelegenen Lustgarten im holländischen Stil neu anlegen. Er wurde dort, wo heute das alte Museum von Schinkel liegt, durch eine halbrund gebogene Orangerie abgeschlossen, hinter der der Obst- und Gemüsegarten die Spitze der Spreeinsel einnahm. Der mit regelmäßigen Beeten, mit Terrassen und Balustraden gegliederte Lustgarten war reich mit Brunnen und Marmor- und Bleistatuen holländischer Künstler besetzt, von denen die Statue des Kurfürsten selbst, ein ausgezeichnetes Werk des Quellinus-Schülers Dusart, in der langen Galerie des Berliner Schlosses erhalten ist. In der Ecke des Lustgartens zwischen der Spree und der Orangerie in der Nähe des heutigen Domes errichtete Memhardt im Jahre 1650 ein großes Lusthaus (Tafel 2), das durch einen Arkadengang mit der vorspringenden Schloßapotheke verbunden wurde. Das in Backstein mit Sandsteingliederung erbaute Lusthaus war ein Zentralbau mit zwei Stockwerken: ein großes Mittelquadrat und vier achteckige Räume an den Ecken, hinter den vorderen zwei Treppentürme angelehnt. Unten im Erdgeschoß war eine Grotte mit Muscheln und Korallen und im Obergeschoß ein Saal mit achteckiger Kuppel. Das Äußere hatte durchgehende Pilaster und Fruchtgehänge unter den Fenstern. Von dem mit einer Balustrade versehenen flachen Dach, das die Kuppel umzog, genoß man den Blick über den von Memhardt geschaffenen Lustgarten, der an dem Spreegraben von Baumreihen begrenzt war und von dort weiter über die eben entstandene sechsreihige Lindenallee zum Tiergarten. Auch dieses Lusthaus war ein äußerst charakteristisches Denkmal der holländischen Baukunst auf dem Boden der Mark, eine jener von Paladios Villen abgeleiteten Zentralbauten, wie sie damals Pieter Post und seine Zeitgenossen für die Oranier und die reichen Holländer schufen.

Zwei weitere Zeugnisse in derselben Richtung waren die Lusthäuser von Oranienburg und Bornim, die in den gleichen Jahren entstanden, aber ebenfalls verschwunden sind. Leider ist das von Luise Henriette von Oranien zugleich mit einer Holländerkolonie in der Havelniederung von Memhardt errichtete ursprüngliche Lust- und Jagdschloß Oranienburg nicht einmal in genauen Abbildungen überliefert. Eine allgemeine Vorstellung aber vermittelt uns ein großes Gemälde des späteren

17. Jahrhunderts im alten Waisenhause von Oranienburg, wo Kurfürst und Kurfürstin als Äneas und Dido dargestellt und im Hintergrund Leute mit der Absteckung des Terrains beschäftigt sind. Mitten auf dem Felde erhebt sich das neuerbaute Schloß, wieder ein Zentralbau in Würfelform mit fünf Fensterachsen in drei Stockwerken, mit steilem Dreiecksgiebel und flachem, von vier Ecktürmchen flankiertem Dach, dessen Altan mit Galerie zum Umgang und zur Aufstellung von Orangenbäumen eingerichtet ist. Der einzige Überrest von Luise Henriettens Gründung ist das zugleich mit dem Schlosse entstandene Waisenhaus (Tafel 3), ein langgestreckter zweistöckiger Bau in dunkelrotem Backstein mit steilem Ziegeldach, die Wände durch Pilaster gegliedert und mit Fruchtgehängen aus Stuck in eingetieften Feldern. Also doch wenigstens e i n erhaltenes Beispiel des Außenbaues der früheren holländischen Richtung, deren Raumkunst und Dekoration durch die Kapelle im Berliner Schloß vertreten sind.

Auch das Lustschloß in Bornim bei Potsdam (Tafel 4) war ein würfelförmiger Zentralbau mit einem pilastergegliederten Saal in der Mitte. Mit steilem Dach bekrönt, erhebt sich der viereckige, pilasterbesetzte Baukörper auf einem hohen Sockel, zu dem Rampen, mit Grotten und Tritonen belebt, hinanführten. Der 1661—1675 errichtete Bau war das dritte Zeugnis des holländischen Schloßbaues in der Mark.

Das vierte und umfangreichste Zeugnis ist das Potsdamer Stadtschloß (Tafel 5), das in dem heutigen Umbau wenigstens in den Grundmauern teilweise erhalten ist. Die wald- und wasserreiche Potsdamer Gegend hatte es dem jagdfrohen und naturfreudigen Kurfürsten angetan. An der Stelle des kurfürstlichen Jagdschlosses aus dem 16. Jahrhundert ließ er seit dem Jahre 1660 ein ausgedehntes Residenzschloß erbauen, während das Berliner Residenzschloß in seinem alten Stande verblieb. Das Potsdamer Stadtschloß wurde von dem wallonischen Architekten La Chieze (bis 1673) begonnen, von Memhardt (bis 1676) fortgeführt und von Nering 1682 vollendet. Der Bau hatte einen Haupttrakt nach dem Lustgarten zur Havel hin und zwei lange, nach der Stadt zu rechtwinkelig ansetzende Flügel. In der Mitte des Hauptbaues trat ein fünffenstriger Körper hervor, durch ein allseitig abgeschrägtes, altanbekröntes Dach herausgehoben, vorgelagert eine Rampe, die zu dem hohen, den ganzen Mittelbau einnehmenden rechteckigen Saal hinaufführte. Auch an den Ecken erhoben sich kleinere fünffenstrige Körper in Art von Pavillons, mit abgeschrägten Dächern und mächtigen Kaminen auf der Spitze. Also auch hier die Grundzüge der holländischen Schloßarchitektur: die charakteristische würfelförmige Körperbildung der Gebäude, die Vorliebe für knappe Profile, für steile Dächer mit Balustraden und Aufsätzen und im Innern für einen möglichst kubisch geformten Hauptsaal. Der Bau des alten Stadtschlosses ist in seinen Grundmauern noch in dem Umbau Friedrichs des Großen erhalten, aber was hat Knobelsdorffs beseelende Meisterhand aus den plumpen Massen geschaffen! Selbst der große Saal ist in der Grundform beibehalten. Er erweckt die Erinnerung an die Oranierresidenz im Busch beim Haag, die das Vorbild für die Schöpfungen des Großen Kurfürsten war, auch heute noch durch die riesigen allegorischen Gemälde, Verherrlichungen des Großen Kurfürsten im Heroengeschmack des Barock von van Thulden, Vaillant und Leygebe, Angehörigen der flämisch-niederländischen Schule, die den großen Saal im Haus im Busch mit Glorifikationen des Oranierhauses schmückte. Sie sind von Friedrich I., der das Schloß vollendete, bestellt worden. Zwischen den Fenstern stehen fünf Marmorstatuen der Oranier von Dusart aus dem Potsdamer Lustgarten, den der Große Kurfürst zwischen dem Stadtschloß und der Havel anlegte.

Von den übrigen in der Umgegend Potsdams entstandenen Lust- und Jagdschlössern des Großen Kurfürsten ist das zu Glienicke bis auf wenige Reste, das zu Fahrland ganz verschwunden, während das von La Chieze erbaute Schlößchen Caputh auf dem linken Havelufer in seinem späteren Umbau einige ursprüngliche Teile, so einen mit holländischen Fliesen verkleideten, gewölbten Saal bewahrt hat.

Durch einen späteren Umbau ist auch das 1670 errichtete, für die zweite Gemahlin des Großen Kurfürsten Dorothea von Cornelius Rykwarts erbaute Schloß in Schwedt an der Oder verdrängt worden. Dagegen sind von Rykwarts zwei Schloßbauten erhalten, die nicht unmittelbar hierher gehören, nämlich das Schloß des mit einer Oranierin vermählten Fürsten von Anhalt in Oranienbaum bei Dessau und das einfache, in Ziegelrohbau errichtete Residenzschloß des Johanniterordens in Sonnenburg bei Küstrin in der Neumark, das der Vetter des Großen Kurfürsten, der Oranier Johann Mauritz, erbauen ließ. Johann

Mauritz von Nassau-Siegen, der Erbauer des berühmten Mauritzhauses im Haag, ist überhaupt als Vermittler des holländischen Geschmacks nach Brandenburg-Preußen wirksam gewesen. So als Statthalter des Großen Kurfürsten durch die Anlage seines Lustgartens in Cleve. In den fünfziger Jahren war er wiederholt in Potsdam und hat den Kurfürsten bei seinen Planungen beraten. In einem Brief an diesen sagt er: „Nunmehr, da der Kurfürst die adeligen Güter um Potsdam herum an sich gebracht habe, ließ sich das ganze Eiland in ein Paradies verwandeln." Zugleich mit den Schlössern hat das Kurfürstenpaar von holländischen Gärtnern, wie Dietrich de Langenaer, Lust- und Obstgärten anpflanzen lassen, die bedeutungsvoll für die Baum- und Blumenzucht in der Mark geworden sind. Aber nur einzelne, mit Eichen und Linden bepflanzte Alleen haben die Zeiten überdauert. Im Berliner Tiergarten sind noch Bestände mächtiger Eichen von den Pflanzungen übrig geblieben. In dem letzten Jahrzehnt seiner Regierung, nachdem der Große Kurfürst gegen die Schweden und Franzosen hohen Kriegsruhm errungen und sein Land durch den Frieden von St. Germain zu einer mitbestimmenden Macht der europäischen Politik erhoben hatte, setzte er den Ausbau seines Residenzschlosses in Berlin fort. Um 1680 wurde im Anschluß an den Lynarschen Querflügel, der die beiden Schloßhöfe trennte, der sogenannte Alabastersaal errichtet, von dem noch die Gesimse und korinthischen Kapitelle in Stuck vorhanden sind. An den Wänden standen lebensgroße Marmorstatuen von vier Kaisern und zwölf Kurfürsten als Heroen im barocken Geschmack, Werke des Holländers Bartholomäus Eggers, die heute im Treppenhaus und oberen Korridor des Schloßmuseums verteilt sind.

An der Spree, angelehnt an das um 1600 entstandene, mit zwei Ecktürmen besetzte Haus der Herzogin, erhob sich seit 1681 der Arkadenbau, heute der Bibliotheksbau genannt, und als Abschluß des Hofes ein rechtwinklig ansetzender Flügel bis zur alten Apotheke. Der Arkadenbau, wahrscheinlich vom Holländer Smids begonnen und von Nering um 1688 vollendet, ist dreigeschossig. Das Erdgeschoß kräftig gefugt mit Rundbogenfenstern, das Hauptgeschoß mit einer ehemals offenen Pfeilerarkade und das Obergeschoß mit schlanken Fenstern. Auf beiden Seiten tritt die Fassade in einachsigen Risaliten leicht vor. Nering schließt sich näher an die italienischen Palastfassaden an als die älteren Holländer aus der Pieter Post=Schule — zur Fassade des Arka=denflügels sollen ihn genuesische Paläste angeregt haben. Aber seine Kunst ist doch durch die Strenge der Behandlung, durch die knappen Profile in ihrer Grundrichtung der gleichzeitigen holländischen ver=wandt — das zeigten noch deutlicher seine leider untergegangenen Schöpfungen, wie das dem Arkadenflügel sehr verwandte alte Berliner Rathaus, das Palais des Feldmarschalls Derfflinger am Kölnischen Fischmarkt, das des Geheimrats von Dankelmann, später zum „Fürsten=haus" gemacht, auf dem Werder von 1685 und das schöne Leipziger Tor von 1683, der alte Marstall und die dorischen Bogenlauben mit Kauf=läden am Schloß nach dem Schloßplatz zu (1679—1681). Nicolai be=zeichnet denn auch Nering als einen Holländer.

In ausgesprochen holländischen Formen der Zeit ließ sich der Kur=prinz Friedrich III. in den Jahren 1681—1685 das Schloß Köpenick an Stelle eines kurfürstlichen Jagdschlosses des 16. Jahrhunderts von dem Niederländer Rütger von Langesfeld erbauen. Dieses stattliche,, im Äußern noch wohlerhaltene Schloß liegt malerisch auf einer Halb=insel an der hier seeartig erweiterten Oberspree. Ein dreistöckiger Bau mit zwei kurzen, nach dem Garten zu vorspringenden Flügeln, der Mittelrisalit mit flachem Segmentgiebel bekrönt. Die Anlage und die Einzelheiten — z. B. das Portal von dorischen Halbsäulen eingefaßt und die schlanken Fenster mit ausgeeckten Rahmen — gehören wie der Aufriß der holländischen Richtung des Dankerts und Vinkboons an. Im Inneren, das zu einem Lehrerseminar eingerichtet ist, sind einige Stuck=decken mit Akanthusranken im großen Rittersaal und anderen Räumen erhalten. Ein charakteristisches Beispiel dieser Vorschlüterschen Stuck=dekoration bietet die im Garten gelegene, von Nering erbaute recht=eckige Kapelle mit dreiseitigem Chorschluß und flacher Wölbung.

Nach der Thronbesteigung Friedrichs III. 1688 hat Nering als Bau=direktor bis zu seinem Tode 1695 das Bauwesen am Hofe weiter be=herrscht. Seine Hauptschöpfung aus dieser späteren Zeit ist das Schloß Oranienburg, das Friedrich III. um 1690 an Stelle der Lieblingsschöpfung seiner oranischen Mutter größer und stattlicher erbauen ließ (Tafel 6). Das im Äußeren gut erhaltene Schloß besteht aus einem Hauptbau, dessen Mittelteil durch Pilaster und Statuenattika hervorgehoben ist, und zwei nach rückwärts rechtwinklig ansetzenden Flügeln, die in hohen ge=

gliederten Pavillons abschließen, zwischen den Pavillons läuft eine Arkadenmauer als Abschluß des viereckigen Hofes. Das Innere, gleich= falls zum Lehrerseminar eingerichtet, ist bis auf einige Räume im Ober= geschoß verändert. Darunter ist ein großer, mit freistehenden Säulen gegliederter Saal, mit einem Deckengemälde, Sophie Charlotte, die Ge= mahlin Friedrichs III., als Schirmherrin der Porzellankunst verherr= lichend, von Terwesten. Dieser Saal war früher mit chinesischem Por= zellan ausgestattet. Als der neugekrönte König von Königsberg nach Berlin zurückkehrte, empfing ihn vor dem Schlosse ein mit chinesischem Porzellan geschmückter Triumphbogen. Links vom Schlosse springt ein von Eosander hinzugefügter Flügel vor und daneben führt ein schönes, offenbar von Nering herrührendes Portal in den ehemals so berühmten, nun völlig verwilderten Garten mit Orangeriegebäude am linken Rande. Für die Königin Sophie Charlotte begann Nering kurz vor seinem Tode das Schloß in Lietzenburg, jenseits des Tiergartens, das nach der Grün= derin den Namen Charlottenburg erhielt und alsbald durch eine breite Allee in der Fortsetzung der Linden mit dem Berliner Schloß in Ver= bindung gesetzt wurde. Es war nur eine zweistöckige Villa mit drei= achsigem Mittelrisalit, dessen große Öffnungen halbbogig schlossen, im Erdgeschoß gefugt und im Obergeschoß mit Pilastern gegliedert. Also eine jener Villen mit verhältnismäßig kurzem Baukörper, die im späteren 17. Jahrhundert in Deutschland wiederholt begegnen, wofür der Mittelbau des Schlosses Nymphenburg und das Palais im neuen Garten bei Dresden die bekanntesten Zeugnisse sind. Der Mittelbau ist bald darauf von Eosander mit Kuppel und Flügeln erweitert worden, wovon später. Ähnlich und noch ziemlich im ursprünglichen Zustande ist das von Friedrich III. gleichzeitig erbaute Lustschloß in Niederschönhausen im Norden von Berlin, in einem von uralten Eichen bestandenen, von der Panke durchflossenen Hain gelegen. Auch hier ist die Mitte des verhält= nismäßig kurzen Gebäudes durch einen Mittelrisalit betont, der im ge= quaderten Erdgeschoß drei Rundbogentüren und drei große Rundbogen= fenster im Hauptgeschoß zeigt. Beide Schlösser verband Friedrich III. durch einen von der Panke zur Spree führenden Graben, um auf festlich geschmückten Booten zwischen ihnen verkehren zu können.

Die späteren Neringschen Bauten bezeugen eine Zunahme in der Be= lebung der Gliederungen. Pilaster, Fensterverdachungen, Rahmen, Kon=

solengesimse und eingetiefte Nischen — besonders an den Pavillons in Oranienburg — sowie die Profilierung aller andern Einzelheiten gehen doch über die kahle Nüchternheit der Memhardtschen Epoche hinaus. Aber die Grundtendenz ist bis zuletzt die auf Palladio aufgebaute Formenstrenge.
Die Innendekoration der brandenburgischen Schlösser unter dem Großen Kurfürsten, die in der Kapelle des Berliner Schlosses zuerst begegnet ist, läßt sich leider nur noch in einer Reihe von Stuckdecken im Berliner Schloß, in den Neubauten an der Spree, in einem Raum des Potsdamer Stadtschlosses und in Köpenick studieren. Vorherrschend sind krause Akanthusranken zwischen gebrochenen Rahmen — jene von Holland durch ganz Niederdeutschland gehende Dekoration, die im letzten Viertel des 17. Jahrhunderts durch zunehmende Plastik, durch Belebung mit Putten, Trophäen, Kartuschenrahmen und dergleichen bereichert wird. Für dieses spätere Stadium haben wir glücklicherweise in der Kapelle in Köpenick und in der Wohnung, die sich Friedrich III. gleich nach seiner Thronbesteigung in dem Spreeflügel eingerichtet hat, charakteristische Beispiele. Die Wohnung Friedrichs III. enthält in den kleineren Wohnräumen Decken mit goldenen Akanthusranken und Sonnenblumen als Umrahmungen von allegorischen Gemälden und in dem Schlafzimmer des Kurfürsten, der sogenannten Brautkammer, sowie in dem großen Wohnzimmer große Kartuschen mit Trophäen, beides Dekorationen, die noch die holländische Tradition festhalten, wie denn auch in den eingelegten Fußböden und den Nußholzmöbeln dieser Räume holländische Elemente sichtbar werden. Die Deckenbilder sind von den Niederländern Vaillant und Langerfeld, die Wandverkleidungen teils dunkle genuesische Samte, in der Brautkammer reich gestickt und appliziert. Das chinesische Kabinett mit flachgeschnittener und bemalter Lackvertäfelung und ebenso die anstoßende Porzellangalerie haben reiche Stuckdecken mit krausen Akanthusranken und Putten, die dem Hofbildhauer Döbler zuzuschreiben sind und ein charakteristisches, von der holländischen Tradition abweichendes deutsches Gepräge tragen (Tafel 7). Auf die wichtigen Einzelheiten dieser Räume müssen wir uns versagen einzugehen. Eine Reihe von chinesischen Lackschränken und Porzellanen der Kanghizeit mit kraftvollen Schmelzfarben oder Unterglasurblau gehören noch der alten Aus-

stattung an. Der Große Kurfürst hat bereits über Holland China importieren lassen. Er hat auch der Delfter Fayence sein Interesse geschenkt — zwei wundervole Fliesengemälde mit Blumensträußen und Vögeln aus der Fabrik von Freytom haben sich im Schlosse erhalten. Wenige Jahre vor seinem Tode hat er einen Delfter Fayencebäcker van der Lee nach Berlin gezogen, der hier den Grund zu einer um 1700 erblühenden Fayenceindustrie gelegt hat, von deren Erzeugnissen auch die Ausstattung der Schlösser profitiert hat.

An den Decken der Räume Kurfürst Friedrichs III. aus diesen Jahren begegnet wiederholt die Devise des Kurfürsten, umrahmt von dem Hosenbandorden. Dieser Hinweis ist uns willkommen als weltgeschichtliche Erinnnerung. Der Kurfürst hatte den Orden von seinem Vetter Wilhelm III. von Oranien erhalten zum Dank hauptsächlich für die Unterstützung, die er ihm bei der Erlangung des englischen Königsthrones im Jahre 1689 gewährt hatte. Ein Beweis zugleich, wie lange die während des Dreißigjährigen Krieges geknüpften Beziehungen der Häuser Brandenburg und Oranien bestanden haben, die für die Geschichte der brandenburgisch-preußischen Schlösser bis zum Auftreten Schlüters so bedeutsam sind.

DAS BERLINER SCHLOSS FRIEDRICHS I. UND ANDREAS SCHLÜTER

UM 1700

Der ruhige Lauf der geschichtlichen Entwicklung wird zuweilen plötzlich durch große Ereignisse unterbrochen, die scheinbar zufällig eintreten, später aber doch als Folgen innerer Notwendigkeit sich ausweisen; man pflegt dieses Walten des Schicksals gemeinhin als Bestimmung zu bezeichnen. Ein solches Ereignis ist im Lauf der Geschichte, die den Gegenstand dieser Darstellung bildet, die Entstehung des Berliner Königsschlosses. Hatte sich bisher die Schloßarchitektur des Kurhauses Brandenburg ähnlich wie an anderen nord- und mitteldeutschen Fürstenhöfen in den von dem oranischen Hause vorgezeichneten Bahnen bewegt und innerhalb der Grenzen, die die beschränkten Mittel der Lebensführung geboten, so wächst unvermittelt mit dem Vorhergehenden auf der Wende des 17. zum 18. Jahrhundert das gewaltige Königsschloß Friedrichs I. empor.

Nach der Gewinnung der englischen Königskrone durch seinen Vetter Wilhelm III. und der polnischen durch seinen Freund August den Starken von Sachsen ruhte der Kurfürst nicht, bis auch er die Königskrone gewann. Am 18. Januar 1701 hat er sich selbst in der Schloßkirche zu Königsberg zum König von Preußen gekrönt. Doch bereits Jahre vorher, zugleich mit der Vorbereitung dieses Schrittes war Friedrich an die Gestaltung eines Residenzschlosses gegangen, das der Entfaltung des königlichen Glanzes zum Schauplatz dienen und der neuerrungenen Würde des brandenburgisch-preußischen Hauses Ausdruck geben sollte. Die durch die Förderung Wilhelms III., durch die militärische Unterstützung des Kaisers Leopold gegen Türken und Franzosen und durch Länderzuwachs bereicherten Mittel setzten den Fürsten in die Lage, ein Königsschloß zu errichten, das hinter den glänzendsten Königsschlössern nicht zurückstand. Daß aber der Bauherr in Andreas Schlüter einen Mann fand, der diesen Baugedanken nicht nur äußerlich groß und prunkend, sondern innerlich bedeutungsvoll und in wahrhaft

königlicher Gesinnung zu gestalten vermochte, eben das kann man als „Bestimmung“ in diesem Falle bezeichnen.
Andreas Schlüter kam im Jahre 1694 vom Hofe des Polenkönigs Johann Sobieski als Hofbildhauer nach Berlin und übernahm zuerst den Bildhauerschmuck an den Bauten, die unter Nerings Leitung gerade in der Ausführung begriffen waren, wie an der langen Brücke, am Zeughaus, im großen Saal des Potsdamer Stadtschlosses und im Charlottenburger Schlosse. Im Jahre 1698 übertrug ihm der Kurfürst den Bau des neuen Residenzschlosses und sandte den Künstler zum Studium nach Rom. Wie er im einzelnen zur Baukunst gekommen, entzieht sich noch unserer Kenntnis. Jedenfalls finden wir ihn in Warschau am Hofe Sobieskis bereits in enger Verbindung mit dem dort versammelten Kreise italienischer Barockarchitekten und Dekorateure. Seine erste bekanntgewordene Arbeit ist ein großes Relief an einem von dem Italiener Belotto erbauten Adelspalaste in Warschau. Die Kunst Schlüters beruht also auf ganz anderen Grundlagen als die des Nering und seiner Schüler, unter denen der Oberbaudirektor Grünberg nach Nerings Tode 1695 der wichtigste ist. Denn dieser unmittelbar oder mittelbar durch Vermittlung der Holländer auf Palladios Grundsätze zurückgreifenden strengen Richtung steht die Schlütersche Kunst gegenüber als Frucht des schweren und bewegten, von Bernini und Pietro da Cortona ausgehenden römischen Barock. Durch einige Züge der eben auf den Höhepunkt gestiegenen Pariser Hofkunst Ludwigs XIV. wird sie noch bereichert, wie denn Lebensführung, Etikette, Schauspiel- und Gartenkunst Ludwigs XIV. dem prunkliebenden Preußenkönig als Ideale vorschwebten. Damit erklärt sich, daß das Schlütersche Königsschloß unvermittelt in die Entwicklung der brandenburgischen Schlösser eintritt.
Das Berliner Königsschloß, wie es sich heute im Äußeren und Inneren präsentiert, ist sehr verschieden von dem, wie es Schlüter geschaffen und geplant hat. Wie so viele Schöpfungen großer Genien ist auch dieses Bauwerk durch die nachfolgenden Geschlechter durch zahlreiche Zutaten in seiner ursprünglichen Wirkung verdunkelt worden. Die wichtigste Veränderung, die dem Königspalast, den Schlüter in den Jahren 1699 bis 1706 errichtete, widerfuhr, ist die Verdoppelung des ganzen Gebäudes! Schlüters Werk ist nur die westwärts an die Baugruppe des älteren Schlosses sich anschließende östliche Hälfte des heu-

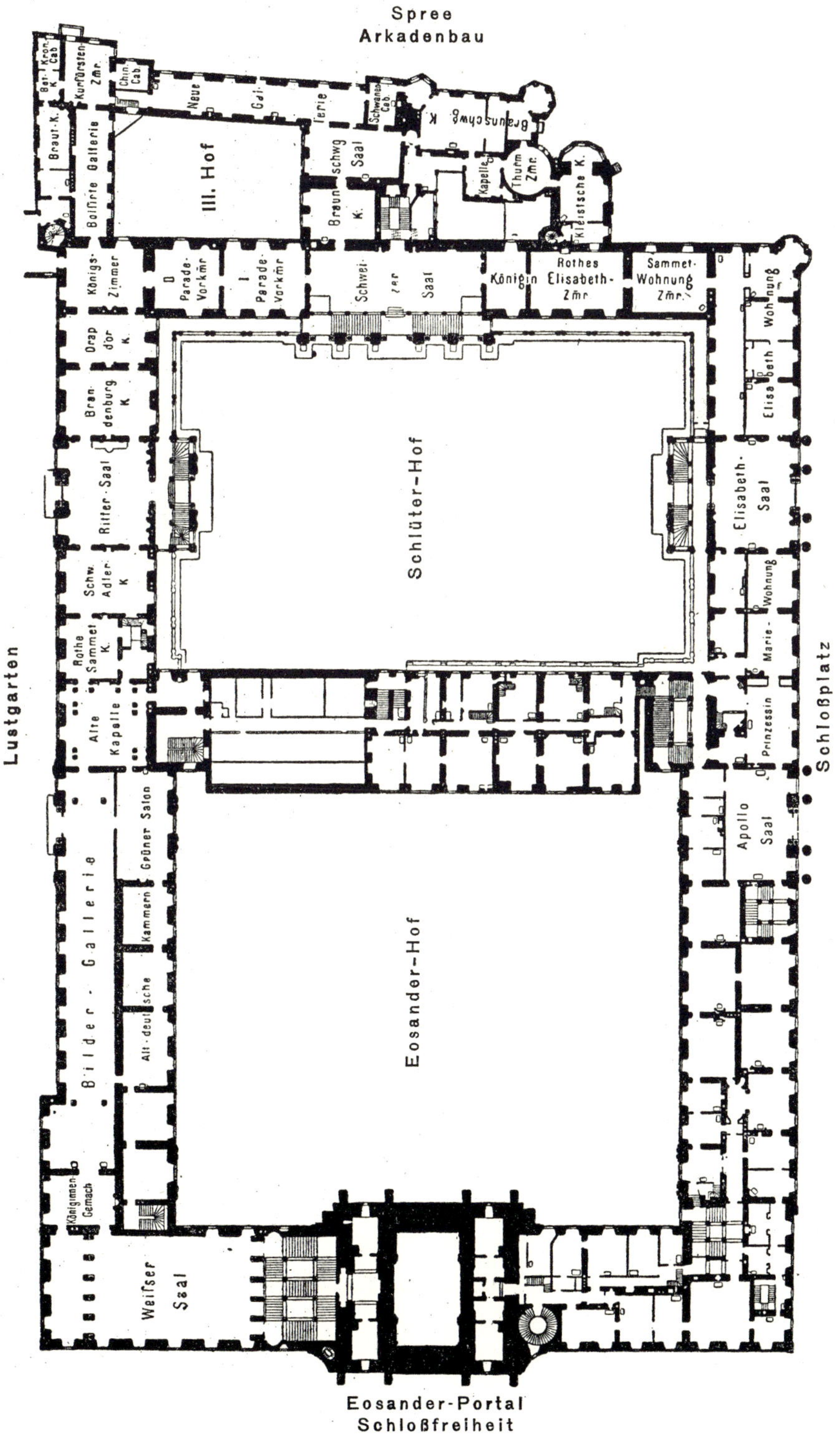

Abb. 1. Berliner Schloß, Grundriß des zweiten Stocks mit den Paradekammern (nach Borrmann)

tigen Schlosses, d. h. nur ein Mittelrisalit mit im ganzen sechs und sieben Fensterachsen jederseits, also ein verhältnismäßig kurzer hoher Palast in der Art der italienischen Palazzi. Die Hauptfassade am Schloßplatz, gegenüber dem Marstall in Alt-Köln, ist durch einen gewaltigen von vier korinthischen Säulen gebildeten Portikus auf gefugtem Sockel gegliedert (Tafel 8). Durch dieses Portal hielt der neugekrönte König nach der Rückkehr von Königsberg seinen Einzug im Jahre 1701, wie die Inschrift angibt. Sechs von Eosander und de Bodt entworfene Triumphbogen leiteten den Zug vom Königstor bis zum Schlosse, Die Lustgartenfront ist als Rückseite nach dem ehemaligen Garten zu flacher und zierlicher behandelt (Tafel 9). Der dreiachsige Mittelrisalit ist in der Mitte durch ein großes im Halbbogen schließendes Fenster und einen von mächtigen Hermen getragenen Balkon betont — die Hermen wahrscheinlich Arbeiten des Balthasar Permoser von 1703, der später als Bildhauer am Dresdener Zwinger seine Hauptwerke schuf. Die Fassaden selbst, die Rücklagen, sind dreistöckig mit einem vierten oberen Mezzaningeschoß, das Erdgeschoß gefugt, die Fenster mit ausladenden Giebeln bekrönt und durch Gesimse miteinander verbunden, die Ecken gequadert. Die Fassaden sind ziemlich genaue Nachbildungen des in der Mitte des 17. Jahrhunderts entstandenen Palazzo Madama in Rom, aber der plastische Ausdruck ist viel lebendiger. Er steigert sich nach oben zu, wo zwischen den Mezzaninfenstern barocke Adler flügelschlagend gegen das reiche Konsolgesimse andrängen. Die Ecken an der Hauptfront am Schloßplatz waren durch schlanke Erker betont, Überreste der Ecktürme des Renaissanceschlosses Joachims II., an dessen Grundlinien Schlüter gebunden war; der an der Spreeseite ist erhalten, im Inneren Frührenaissancepilaster und Bögen vom alten Bau bewahrend. Kupferstiche nach Schlüters Zeichnung haben uns die von ihm geschaffene ursprüngliche Gestalt des Königsschlosses erhalten.

Der viereckige innere Hof, der durch die drei Schlüterflügel umschlossen wird, ist auf der vierten Seite nach Westen durch den sogenannten Lynarschen Querbau aus dem 16. Jahrhundert begrenzt. Selbstverständlich hatte Schlüter vor, auch diese vierte Seite umzugestalten. Hier wollte er einen Bau mit Kolonnade als Eingang vom Westen her zum Hofe schaffen. Damit tritt erst der Grundrißgedanke seines Königspalastes zutage, der durch den späteren Anbau verdunkelt worden ist. Der Hof sollte als ein „Cour d'honneur" ausgestattet werden mit dem östlichen fünfachsigen, großen Risalit (Tafel 10), der das Haupttreppenhaus in sich birgt, als Eingang und Mittelpunkt, und mit den beiden Seitenrisaliten, in denen schmälere Treppenhäuser zu den beiden Hauptsäulen emporführen, auf den Seiten (Tafel 11, 12). Mächtige korinthische Säulen sind den Risaliten vorgesetzt. Diese Säulen waren bereits um 1690 von Italienern für eine von Friedrich III. projektierte Kolonnade im inneren Schloßhof gefertigt worden.

Es ist die Behauptung aufgestellt worden, daß überhaupt die eigentlichen Fassaden sowohl des Äußeren wie des Hofes von italienischen Architekten aufgeführt worden sind und daß Schlüter in der Hauptsache nur die durchgehenden Risalite „hineingehauen" habe. Allein die von allen urkundlichen und zeitgenössischen Aussagen erklärte Urheberschaft Schlüters für den ganzen Bau bestätigt der geschlossene Eindruck, den das Ganze macht. Gerade die geniale Vereinigung scheinbar unharmonischer Teile ist ein Grundzug der Schlüterschen Kunst. Und mag auch die reine italienische Barockkomposition der Rücklagen von den von Motiven des Louvre bestimmten Risaliten äußerlich verschieden sein: Schlüter hat beides zu einer überzeugenden Einheit zusammengeschlossen. Schlüter hat aus beiden Elementen ein von seinem mächtigen plastischen Gefühl beseeltes einheitliches Werk geschaffen. Wir sehen heute auf Grund unserer gesteigerten Einsicht in die Schaffensweise des Barock die Entstehung dieser großen Bauten unter Benützung mannigfaltigster fremder Gedanken und Pläne als Schöpfungen eines kollektivistischen Zusammenwirkens vieler künstlerischen Elemente an. Aber deshalb bleibt doch die Bedeutung der diese Kräfte und Gedanken zusammenfassenden großen schöpferischen Persönlichkeit ungemindert. Und das gewaltige, besonders bei Sonnenlicht in seiner ganzen Fülle sich entfaltende plastische Leben der säulen- und pilastergeschmückten Risalite, der Fassaden, und noch verstärkt im Hofe, durchdringt auch alle Einzelheiten der Rücklagen bis zu den herrlichen Fensterverdachungen, den Adlern im Mezzanin und Kranzgesimsen. Es ist einer der seltenen Bauten, wo uns die Sage von Orpheus Wahrheit geworden erscheint, bei dessen Musik die Felsblöcke begeistert sich heranwälzten, um sich zu Quadern zu bilden und zu Säulen und Mauern aufzuschichten.

Im Innern ist das zweite Stockwerk als das wichtigste der Etikette des fürstlichen Barock entsprechend am reichsten ausgebildet und bestimmend für die Grundrißanordnung des Ganzen. Zu ihm führt das große Treppenhaus empor, das in dem Schweizersaal den Eingang und Mittelpunkt der „Paradekammern" trifft. Von diesem der Schweizerwache eingeräumten Saal führen links und rechts die Prunkgemächer der Paradekammern ab, die, im rechten Winkel umbiegend, nach dem Schloßplatz in dem großen Elisabethsaal und nach dem Lustgarten in dem Rittersaal ihre Höhepunkte erleben und weiterhin in kleineren Sälen abschließen, von denen der am Lustgarten die Kapelle des Kurfürsten enthielt. Das große Treppenhaus ist ein hoher rechteckiger Raum, in dem auf den beiden Seiten die Treppen rechtwinkelig gebrochen um mächtige Pfeiler nach oben führen (Tafel 13). Die Rückwand des Raumes bildet eine mächtige doppelte Säulenstellung aus weißlichem Stuckmarmor, mit Bogenstellung und Balkon dazwischen. Oben darüber, unter der flachen, gemalten Decke, in weißem Stuck modelliert, die Gruppe des auf Wolken thronenden Zeus, Blitze schleudernd gegen die Lapithen, die teilweise gegenüber von Pallas Athene über die Gebälke herabgestoßen werden, während unten links und rechts bereits zwei der Empörer, herabgestürzt, unter der Last der hier anlaufenden Treppenwangen erdrückt werden. Ein echt Schlüterscher Gedanke, den Raum unmittelbar mit dramatischen plastischen Gedanken zu erfüllen! Die linke Treppe ist zum Reiten mit gepflasterter Bahn eingerichtet, nach dem Vorbild der „Reitschnecke" des Renaissancebaues Joachims II. Bei diesem Treppenhaus und in noch höherem Grade bei den schmalen Schächten der seitlichen Treppenhäuser, die zum Ritter- und Elisabethsaal emporführen, kann man nicht müde werden, immer von neuem die Meisterschaft zu bewundern, mit der Schlüter, an die beschränkten Grundlinien des Renaissancebaues gebunden, die schmalen Räume durch die Behandlung der architektonischen und figürlichen Plastik belebt hat.

Die Prachträume Friedrichs I. im zweiten Stock sind durch mannigfaltige spätere Zutaten und neuerdings durch die Aufstellung des Schloßmuseums beeinträchtigt worden. Es ist nicht möglich, sie hier einzeln zu beschreiben. Im Schweizersaal, der vom großen Treppenhaus betreten wird, empfängt uns an der flachgewölbten Decke, von

Terwesten gemalt, über eine Balustrade herabblickend, eine Gesellschaft festlich gekleideter Herren und Damen in Allongeperücken und von Hellebardieren der Schweizergarde und versetzt uns unter die Menschen, die diese überladenen Barockräume bei festlichen Anlässen erfüllt haben — ohne uns dies vorzustellen, können wir Heutigen den Sinn dieses goldschimmernden Prunkes nicht verstehen. Die rechts vom Schweizersaal zum Schloßplatz hinziehenden Räume sind die älteren, kurz nach der Vollendung dieses Flügels, 1701, eingerichtet. Einige anstoßende Säle haben noch die älteren flachen Akanthusranken als Motive der Stuckdecken. Der Elisabethsaal im Risalit am Schloßplatz ist durch die sitzenden Atlanten in Stuck nach Schlüters Modellen ausgezeichnet. Anstoßend einige Räume, die dem jugendlichen Friedrich Wilhelm I. zur Wohnung dienten, mit hervorragenden eichengeschnitzten Türen im Stile Marots; ein kleines Kabinett mit pilastergegliederter Holzvertäfelung nach dem Hofe zu ist das Geburtszimmer Friedrichs des Großen. Der Großvater Friedrichs I. hat den Enkel noch selbst über die Taufe gehalten (1712). Der reichste Prunk entwickelt sich in den Paradekammern auf der linken Seite des Schweizersaales nach dem Lustgarten hin bis zur Kapelle, dem Kapitelsaal, denn diese Räume bildeten den Schauplatz der glänzenden Staatsfeste des neugekrönten Königs. Sie sind 1706 zum Abschluß gebracht worden und über die Decken hat Schlüter den Reichtum seiner Phantasie in diesen Jahren seiner höchsten Entwicklung ausgeschüttet. In echt barocker Weise steigerten sich die plastischen und farbigen Akzente über den Türen und über den Gesimsen nach den Decken zu, langgezogene kartuschenartige Rahmen mit Voluten, üppige Vasen, Trophäen und Balustraden, von Götter- und Puttengruppen in weißem Stuck durchgesetzt, umschließen gemalte Felder mit allegorischen Darstellungen. Die von Hofpoeten ausgeheckten, unter Schlüters Oberleitung von den Malern der Akademie Terwesten, Gericke, dem jüngeren Leygebe und Wenzel gemalten Allegorien gehen über den Durchschnitt der Barockmalerei um 1700 nicht hinaus. Die höchste Steigerung in dieser Flucht der Paradekammern ist der große Rittersaal im Risalit, durch das Rundbogenfenster über dem Balkon und seitliche Fenster erleuchtet (Tafel 14). Der durch das Mezzaningeschoß hindurchreichende riesige Saal ist durch korinthische Pilaster gegliedert, deren mit flatternden Adlern belebte Kapitelle ein hohes, mit Akanthusranken und Prunkvasen dekoriertes Gebälk tragen. In den Ecken und über den großen Bögen der Mitte ist das Gesims von plastischen Gruppen auf Wolkenballen durchbrochen. Das Deckengemälde, seinerseits stellenweise mit ausgeschnittenen Figuren und Wolkenballen über die Voute zu den Gesimsen hinuntergreifend, erfüllt die ganze Wölbung: Scharen von Genien, mit Bauten und Plänen Friedrichs I. auf Wolken zum Zenith emporschwebend, wo sich der preußische Adler im blauen Äther wiegt, eine Verherrlichung der kunstschöpferischen Tätigkeit des Königs. Vor der Ausführung dieses Deckengemäldes ist sein Schöpfer, der Maler Wenzel, vom König für mehrere Jahre nach Rom geschickt worden, um dort die Deckenmalerei zu studieren, die damals gerade durch die Arbeiten Pozzos von der gebundenen Raumbildung der Schule des Pietro da Cortona zu einer die Decke als solche scheinbar durchstoßenden Perspektivmalerei mit Untersicht gelangt war. Über den vier Türen sitzen auf mächtig ausladenden Gesimsen Stuckgruppen der vier Weltteile, die zu den schönsten Schöpfungen Schlüters zählen (Taf. 15). Man wird wenige Räume nennen können, in denen eine so reiche Fülle von Plastik entfaltet, aber durch den Raumgedanken beherrscht, diesen so hinreißend zum Ausdruck bringt. Alles scheint in der größten Unruhe aufgewühlt und doch ordnen sich die drängenden Figuren und Glieder in großen Massen zusammen, und so verbindet sich mit dem Eindruck der größten Bewegung das Gefühl der Klarheit: so wie in einer gewaltigen musikalischen Komposition die gegen- und durcheinander gehenden Tonfolgen zur Harmonie sich vereinigen. Das überladene Prunkbüffet mit vergoldeten Silbergeschirren der Augsburger Goldschmiede Biller nach Eosanders Entwurf, der silbergestrichene reichgeschnitzte Musikerbalkon über der Türe der Rückwand — eine von Friedrich dem Großen angebrachte Nachbildung eines silbernen Balkons aus der Zeit Friedrich Wilhelms I. —, der unter dem letzten Kaiser entstandene Thronbaldachin, der moderne Kronleuchter, die vergoldeten Zinkgußtüren, die neue Vergoldung aller Ornamente und endlich die schwarzen Schränke des Kunstgewerbemuseums haben diese unter den weltlichen Räumen des Barock obenan stehende ergreifende Raumschöpfung Schlüters in ihrer Wirkung stark geschwächt.

Über den Paradekammern im Mezzaningeschoß befinden sich die alten Räume der ehemaligen Kunstkammer Friedrichs III. mit den Decken- und Wanddekorationen und anderen Überresten aus Schlüters Zeit — neben dem grünen Gewölbe in Dresden das wichtigste Denkmal fürstlicher Kunstkabinette des Barock. Hier waren die jetzt mit dem Kunstgewerbemuseum in das Schloß zurückgekehrten Augsburger und Nürnberger Kunstschränke, Elfenbein-, Silber- und Bernsteinarbeiten, chinesischen Porzellane, merkwürdige Erzeugnisse des Tier- und Pflanzenreichs mit seltenen Steinen und bergmännischen Erzeugnissen vereinigt. Der in Ostpreußen gefundene Bernstein diente sogar zu einer vollständigen Vertäfelung eines Zimmers im Schlosse Friedrichs I., die aber sein Nachfolger dem Zar Peter dem Großen nach Petersburg geschenkt hat, wo sie sich noch befindet.
Die Grundlage für Schlüters Raumkunst bildet die Dekorationsweise des römischen Barock; auch die wenig frühere reiche Ausstattung der Turiner Paläste des Hauses Savoyen hat Schlüter Anregungen gegeben. Aber auch die Pariser Dekoration, die Ornamentik des Le Pautre, des Marot und Bérain haben in wachsendem Maße eingewirkt (Tafel 16). Unter den Stuckbildhauern, die Schlüters plastische Ideen ausführten, war der hervorragendste der Italiener Simonetti, der die Stuckfiguren des großen Treppenhauses schuf — übrigens ist schon in der Spätzeit des Großen Kurfürsten das Eindringen italienischer Stukkatoren in die Schloßbauten wahrzunehmen. Jetzt kamen auch zwei ausgezeichnete Pariser Bildhauer, Hulot und Dubut, hinzu, von denen der letztere seit 1707 unter Eosanders Leitung die Weltteile am Gewölbe der langen Galerie gemacht hat — übrigens, um das vorweg zu nehmen, schwebte dem König bei dieser Galerie als Vorbild eine der Galerien Ludwigs XIV. im Louvre und in Versailles vor Augen. Auch bei der größten bildhauerischen Schöpfung Schlüters, dem Denkmal des Großen Kurfürsten auf der langen Brücke, läßt sich wahrnehmen, wie die Schlütersche Kunst aus einer genialen Verschmelzung italienischer und französischer Barockelemente entstanden ist. Das Reiterdenkmal mit den vier Sklaven um den Sockel ist die reifste Frucht einer über die italienischen Denkmäler des Tacca zu dem Reiterdenkmal Ludwigs XIV. von Bouchardon führenden Entwicklung — war doch der Gießer des Schlüterschen Denkmals, Jakobi, der langjährige Werkstattgenosse Kellers, des

Bronzegießers des französischen Königsdenkmals in Paris, gewesen. Das Berliner Schloß ist von den Zeitgenossen als eine der großartigsten Architekturschöpfungen der Epoche bewundert worden. Der König begann bald darauf nach dem Vorbild des Schlüterschen Planes einen Neubau des Schlosses in Königsberg durch Schultheiß von Unfried, der aber über einen Flügel nicht hinausgelangt ist. August der Starke ließ Schlüters Pläne nach Dresden kommen, um sie bei seinen Bauideen zu Rate zu ziehen. Mehrere andere Bauten, darunter die alte Post mit der Wohnung für den Minister von Wartensleben an der langen Brücke und das Gießhaus hinter dem Zeughaus, ein Sommerhaus für den König im Bad Freienwalde, die gleichzeitig entstanden, sind zugrunde gegangen. Ein großartiges, in Kupferstich erhaltenes Projekt Schlüters, dem Schloß gegenüber an der Stelle des Marstalls ein Gegenstück zu errichten und als Abschluß — also in der Achse der Langen Brücke — einen mächtigen Dom mit Kuppel in der Art des St. Peter zeugt von den kühnen Ideen, mit denen sich Schlüter in diesen Jahren seines Glanzes trug.

Aber dem Schaffen des Titanen setzte das Schicksal im Augenblick der höchsten Entfaltung eine Grenze — Schlüter übernahm nach Beendigung des Schloßbaues um den inneren Hof den Umbau des an der Ecke der westlichen Altanbauten gelegenen alten Münzturmes (siehe S. 14) in einer dem Königsschloß würdigen Form. Nach dem in Kupferstich erhaltenen wundervollen Projekt begann er den alten Turm neu zu umkleiden und mit einem zweigeschossigen, durchbrochenen Aufsatz zu versehen, in dessen Obergeschoß ein Glockenspiel aufgehängt werden sollte (Tafel 17). Im Erdgeschoß sollte eine barocke Grotte mit dem zur Bewässerung des Lustgartens dienenden Wasserwerk angelegt werden. Aber während des Aufbaues der Obergeschosse zeigten sich Risse im unteren Mauerwerk. Schlüter suchte dem Unheil durch Ummauerung mit gewaltigen Substruktionen zu begegnen (Tafel 18). Als auch dieses nichts half, hoffte er, den Bau wenigstens bis zu fünfunddreißig Meter Höhe zu erhalten und mit einem niedrigen Belvedere zu bekrönen. Aber eine unter dem Markgrafen Philipp Wilhelm von Schwedt aus den Architekten Grünberg, dem technischen Leiter des Bauwesens, Eosander und Sturm, dem Architekturtheoretiker und Mathematiker aus Frankfurt an der Oder, gebildete Kommission erkannte die schleunige Abtragung des ganzen Turmes als den einzigen Weg, um schwereres Unheil zu verhüten. Die Untersuchungen ergaben zweifelsfrei die mangelhafte technische Sicherung des Turmbaues, trotz der Warnungen von Bauhandwerkern, die bezeichnenderweise über den Mangel genauer Werkzeichnungen bei der Bauführung des Schlosses klagten. Schlüter verlor seine Stellung als Schloßbaudirektor. Der wohlwollende König hatte dem Künstler die größte Nachsicht zu beweisen gesucht. Tatsächlich mußte Schlüter fallen, denn sein Verschulden war unbestreitbar. Der von der Bildhauerei zur Architektur gekommene geniale Mann ermangelte der technischen Kenntnisse in ausreichendem Maße — sein Nebenbuhler Eosander hat ihm sogar die Kenntnis der Gesetze der Architektur öffentlich abgesprochen. Die Tragik seines Falles wurde dadurch verstärkt, daß gerade Eosander, der ihm auch menschlich entgegengesetzt war, der geschickte Hofmann und gewandte Diplomat, zum Richter über ihn gesetzt wurde. Und wohl zu verstehen sind die Worte, die der Künstler in seiner Verzweiflung an seinen Herrn richtete: „Seine königliche Majestät solle einmal einen jeden“ — d. h. ihn und die drei Kommissionsmitglieder — „in eine aparte Kammer einsperren lassen, wo er aus sich selbst, ohne Bücher und andere Hilfe, einige Abrisse verfertigen solle. Ja, es würde alsdann erst der rechte Meister erkannt werden. Ich muß nicht allein leiden, daß ich mein so lang mit großer Mühe zusammengebrachtes Werk abbrechen und davon in der Welt Schande haben muß, sondern ich muß auch Herzeleid von dem gemeinen Manne auf der Straße und Nachrede in allen Häusern und Zechen leiden; ich kann vor Traurigkeit nicht schaffen, vor Angst meiner Seele, indem ich nicht weiß, wie es vor mir bei Hofe steht, ob ich Gnade oder Ungnade erlangen werde, und muß doch noch täglich sinnen, erfinden und arbeiten.“

Schlüter hat seitdem nur als Bildhauer beim Schloßbau mitgewirkt — die Gruppen der Macht des Feuers an der Decke des Marinesaales neben der langen Galerie sind offenbar Werke seiner Hand —, während die von Eosander erbaute lange Galerie unseres Erachtens ohne Mitwirkung Schlüters entstand. Als eines seiner architektonischen Werke ist noch aus den späteren Jahren das kleine Landhaus von Kamecke, die heutige Loge Royal York, Dorotheenstraße, erhalten, mit bewegter Fassade und einem von den vier Weltteilen belebten Mittelsaal (1711).

Im Jahre 1713 berief Peter der Große den Künstler in seine neu-erstehende Residenz St. Petersburg, wo er aber Anfang des Jahres 1714 gestorben ist. Für seinen königlichen Herrn von Preußen hatte der Künstler kurz vor seinem Weggang das Modell zu dem metallgegossenen Sarkophag in der Domgruft gefertigt, der durch die tiefe menschliche Empfindung über alle die pathetischen Barockschöpfungen dieser Gattung emporragt. Ein Denkmal dankbarer Erinnerung, wie es kaum ein anderer Künstler dem Fürsten gesetzt, der ihm die Entfaltung seines Genius ermöglicht hatte.

Wohl hat Eosander über Schlüter obgesiegt, wohl hat er die unbestreitbare Schuld Schlüters unter der Maske der Sachlichkeit in dem „Theatrum europaeum" zur Herabsetzung der Schlüterschen Kunst auszumünzen versucht, aber die fortschreitende Zeit hat, die Verfehlungen des großen Meisters verzeihend, seine Größe immer mächtiger hervortreten lassen, während Eosanders Schaffen als die erfolgreiche Arbeit eines Durchschnittskünstlers dahinter mehr und mehr zurückgetreten ist. Vielleicht leidet die Beurteilung seines Schaffens doch allzu sehr unter dem ungünstigen Eindruck, den seine menschlichen Eigenschaften im Verhältnis zu Schlüter erweckt haben. Die fehlerfreien Musterschöpfungen der Verständigkeit haben aber das Schicksal, von den aus dem tiefen Gefühl erwachsenen Werken des wahren Genius im Laufe der Zeit immer heller überstrahlt zu werden.

WEITERE SCHLOSSBAUTEN FRIEDRICHS I.

ERWEITERUNG DES BERLINER SCHLOSSES / CHARLOTTENBURG / MONBIJOU USW. — EOSANDER VON GOETHE / DE BODT

Im Jahre 1707 begann der nach immer größerem Glanz strebende König das Schlütersche Schloß nach Westen zu verlängern, und zwar um das Doppelte. Durch diese Verdoppelung ist Schlüters Grundgedanke völlig umgestaltet worden. Die Fassaden haben auf beiden Seiten einen zweiten Risalit erhalten, wodurch die Symmetrie verlorengegangen ist. Vollends aber hat der den westlichen Abschluß bildende, am Lustgarten aus der Flucht herausspringende und in der Mitte an der Schloßfreiheit durch ein mächtiges Säulenportal mit Kuppel bekrönte Flügel das Schwergewicht des Baues ganz verschoben. Die Fortführung leitete Schlüters Nachfolger als Schloßbaudirektor, Eosander von Goethe. Während die Lustgartenfront sich möglichst genau an Schlüter anschließt, ist der eben genannte Westflügel in strengeren Formen gehalten. Nur in dem Säulenportal, nach dem Vorbil le des Konstantinsbogens in Rom, entwickelt sich ein größerer Reichtum, besonders an den mit posaunenblasenden Genien belebten Konsolengebälken. Der neuentstandene äußere Schloßhof ist ebenfalls streng und nur über den vier Seitenportalen mit Pilasterstellungen und geniengeschmückten Giebeln belebt. Die Front am Schloßplatz ist erst unter Friedrich Wilhelm I. 1716 durch Böhme in genauer Anlehnung an Schlüters Fassade mit dem Adlermotiv im Mezzanin vollendet worden. Ein Hauptziel bei der Verdoppelung war dem König die Verlängerung der Flucht der Paradekammern am Lustgarten durch die lange Galerie als Schauplatz für die festlichen Empfänge. Sie steigert denn auch den barocken Prunk noch über den Rittersaal hinaus. Die Gesimse der Galerie und des von Säulen abgegrenzten Vorraumes vor dem weißen Saal sind mit Stuckgruppen belagert: die Erdteile auf beiden Seiten, Werke des später in Nymphenburg wirkenden Franzosen Dubut, die Bogenfelder über dem Ein- und Ausgang, überladene Reliefs, Verherrlichungen Friedrichs I., die frei bearbeiteten Figuren, teilweise über die Gesimse herabquellend, Werke der Schlüterschen Schule. Doch hier fehlt Schlüters Kraft in der Massenbeherrschung, die gleiche Erscheinung, die wir z. B. in den schwulstigen Raumkompositionen im Schlüterstil beobachten, die sein Schüler Decker nach dem Fortgang von Berlin in seinem Kupferwerk „Der fürstliche Baumeister" veröffentlicht hat. Aber als Schauplatz festlicher Empfänge ist diese Galerie doch einer der schönsten Räume der Art; man muß sich vorstellen, wie hier die fürstlichen Gäste mit ihrem Gefolge herunterzogen, um beim Eintritt in die Paradekammern von dem hohen Gastgeber empfangen zu werden, wovon uns Wilhelmine von Bayreuth in ihren Memoiren einiges berichtet. König Friedrich IV. von Dänemark wurde hier im Jahre 1709, Peter der Große im Jahre 1718 und August der Starke im Jahre 1728 empfangen. Die Rückwand mit den von dem Hugenotten Mercier um 1700 in Berlin gewirkten Teppichen der Kriegstaten des Großen Kurfürsten in einer Holzvertäfelung verdankt ihre Gestaltung erst dem letzten Kaiser. Der weiße Saal, der anschließend an die lange Galerie die eine Hälfte des Eosanderschen Westflügels einnimmt, ist erst unter dem letzten Kaiser durch Ihne in seinem heutigen Zustande geschaffen worden. Der ursprüngliche weiße Saal war eine Schöpfung Friedrich Wilhelms I. aus dem Jahre 1728, aber unter Friedrich Wilhelm IV. von Stüler bereits umgebaut worden. Zu ihm führt vom Eosander-Portal das im wesentlichen noch von Eosander herrührende Treppenhaus empor. Übrigens dienten damals schon große Teile des Schlosses, namentlich nach dem Schloßplatz zu, als Bureau- und Sitzungsräume der Regierungsbehörden.

Für die Königin Sophie Charlotte, deren Berater Eosander in künstlerischen Angelegenheiten war, begann er den Ausbau des Schlosses Charlottenburg, der sich bis in die Zeit der dritten Gemahlin des Königs ins Jahr 1712 hinzog (Tafel 19). In der Hauptsache ist Schloß Charlottenburg in seiner heutigen Erscheinung Eosanders Schöpfung. Vor allen preußischen Schlössern ist es durch seine freie Lage an einem weiten Vorplatz vorne und einem ausgedehnten Park auf der Rückseite ausgezeichnet. Der breit-rechteckige Vorplatz, die von der Mittelachse ausgehende Schloßstraße und die angrenzenden Straßen der neugegründeten Stadt sind gleichzeitig von Eosander abgesteckt worden. Der 1695 von Nering begonnene pilastergegliederte Mittelbau hat durch

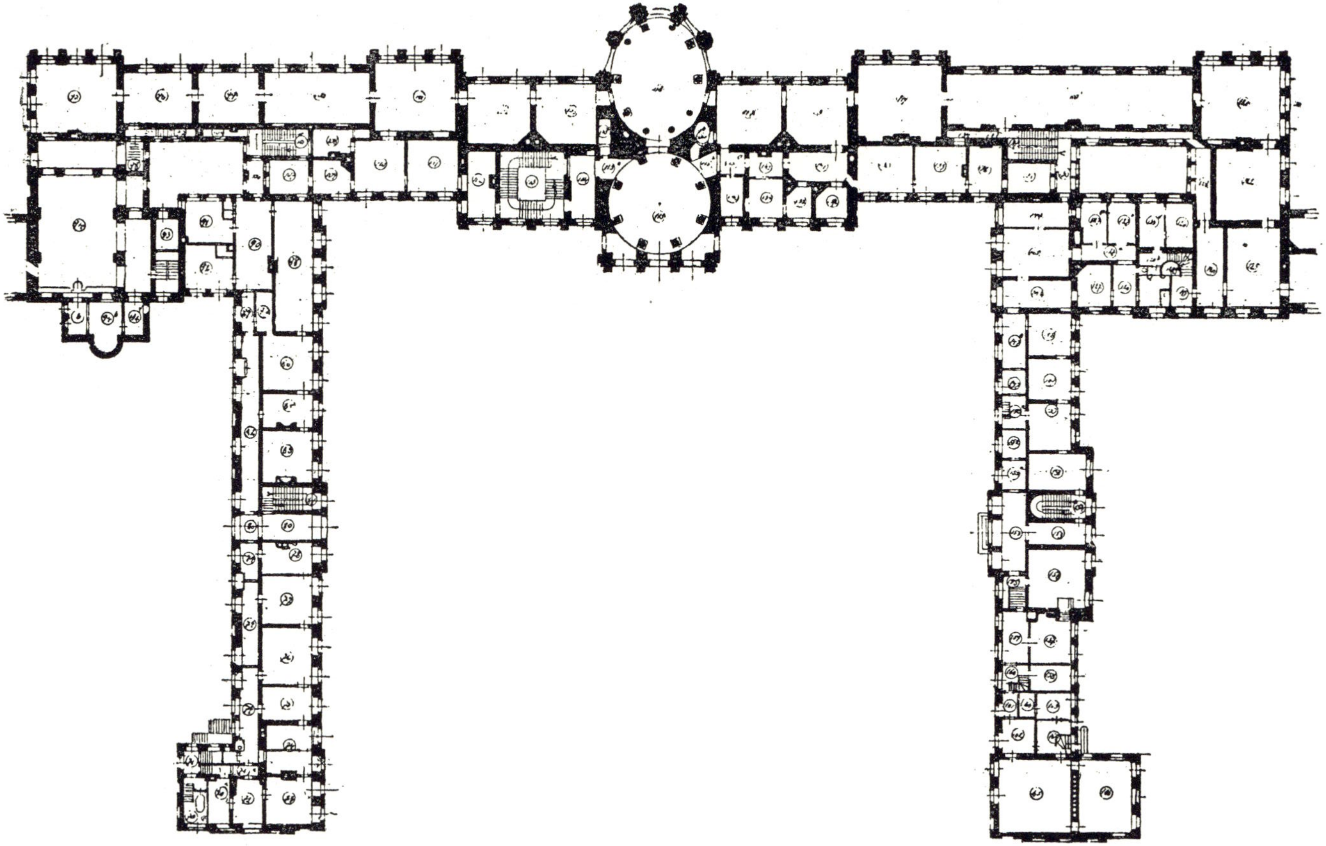

Abb. 2. Charlottenburg, Schloß, Grundriß des Erdgeschosses (ohne die Orangerie und den Ostflügel Friedrichs des Großen)

einen achteckigen Kuppelturm eine beherrschende Wirkung erhalten. Auf den Seiten schloß Eosander zweistöckige, unten gefugte, oben glatte Flügel an, an die sich nach vorne im rechten Winkel langgestreckte Seitenflügel ansetzen, die einen weiten Ehrenhof bilden, mit schmiedeeisernem Geländer als Abschluß und reichgeschmückten steinernen Schilderhäusern am Eingang. Westwärts setzt sich eine langgestreckte Orangerie an, in der Mitte mit einem großen, auf Säulen ruhenden Theatersaal, der 1709—1712 von Eosander eingerichtet wurde (Tafel 20). Das Innere des Charlottenburger Schlosses enthält im Erdgeschoß noch die gleichzeitig von Eosander ausgestatteten Räume, die für Sophie Charlotte begonnen und für die dritte Gemahlin des Königs um 1710 vollendet wurden, Schöpfungen der Innendekoration des deutschen Barock, denen kaum etwas anderes an die Seite gestellt werden kann. In dem ursprünglichen, 1695 von Nering begonnenen Mittelbau ist in der Mitte nach vorne ein viereckiges Vestibül und dahinter ein ovaler, von dorischen Marmorsäulen umstellter, nach dem Garten zu in einem dreiseitigen Vorsprung heraustretender Gartensaal. Von diesem schweift der Blick über einen weiten, der ausgedehnten Front vorgelagerten Vorplatz durch den von Baumwänden eingefaßten breiten Wiesengrund und den See dahinter bis zum Ende des Parks. Wenigstens in diesen Grundgedanken hat sich eine Spur der ehemaligen Parkanlage erhalten, die nach den Rissen Le Nôtres seit 1694 durch den französischen Gärtner Godeau geschaffen worden war. Rechts von diesem Gartensaal sind in einigen Sälen noch Barockdekorationen von dem älteren Bau, Decken mit flachen Akanthusranken und allegorischen Gemälden von Terwesten. Einige Reliefs und Kindergruppen über den Kaminen stammen von Schlüter. Die links vom Gartensaal zugängliche Flucht der Prunkräume ist im wesentlichen unter Eosanders Leitung entstanden (Tafel 21—23). Ausgezeichnet sind in allen diesen Räumen und in den gleichzeitigen auf der anderen Seite, wie in der sogenannten Galerie oder dem Tanzsaal die Holzverkleidungen der Wände mit Pilastern, der Füllungen über den Türen und der Türflügel, in der Hauptsache geschnitzt von dem englischen Holzschnitzer King, einem Schüler offenbar des berühmten Londoner Schnitzers der Queen-Annezeit Gibbons, mit dem er die Virtuosität in der Schnitzerei von Blumen- und Rankenwerk teilt. Er kam 1703 nach Berlin und seine Arbeiten sind wie einige Möbel- und Stahlarbeiten ein merkwürdiger Beleg für die frühen künstlerischen Beziehungen des preußischen Königshofes zum englischen. Seit der Übersiedlung Wilhelms III. und Marias nach England sind diese Beziehungen nicht abgerissen; durch Sophie Charlotte und ihre Nichte Sophie Dorothea, seit 1706 Gemahlin des Kronprinzen Friedrich Wilhelm I., beide aus dem Hause Hannover, erhalten sie neue Nahrung. Neben den Holzschnitzereien sind die textilen Wandbekleidungen der Charlottenburger Barockräume hervorzuheben. Vor allem zwei Zimmer mit ausgezeichneten Wirkteppichen, die italienische Komödie darstellend, von Le Vigne in Berlin gewirkt, ferner das Audienzzimmer Friedrichs I. mit mythologischen Darstellungen aus den Gobelins — an der gewölbten Decke Gruppen der „Künste" in Gips von Schlüter —, endlich ein Zimmer mit rotem Damast und goldenen Tressen sowie mehrere andere mit den alten, durch Litzen und Besätze garnierten Seidenbespannungen. Echte Raumeindrücke des Barock übermittelt noch das große, von Eosander angeordnete Porzellankabinett am Schlusse der Flucht nach Osten zu, ganz mit chinesischem und japanischem Porzellan bis zur von Terwesten gemalten Decke verkleidet — allerdings ist der alte Bestand bei der Besetzung Berlins durch Österreicher und Russen im Jahre 1760 stark beschädigt worden —, die ursprüngliche Anordnung übermittelt ein Kupferstich von Engelbrecht, der uns auch den Orangeriesaal dargestellt hat. Den höchsten Effekt im barocken Sinne stellt die angrenzende Kapelle dar, die, von oben beleuchtet, in den weißen, auf Wolken schwebenden Stuckgruppen und den lapisblauen, goldschimmernden Wänden ein Beweis ist, wie selbst das künstlerische Empfinden des Protestantismus in dieser Epoche vor den Stimmungsmitteln des barocken katholischen Kirchengeschmackes nicht zurückschreckt, aber dieser Raum offenbart auch, daß Eosander des erhabenen pathetischen Ausdruckes Schlüters nicht fähig ist. Er war ein glänzender Dekorateur, wie er denn auch seine Kunst bei den Schauspielen und Opern der Königin, bei den Thronfestlichkeiten des Königspaares in Königsberg und Berlin und bei den Trauerfestlichkeiten der Leichenbegängnisse des Königspaares betätigt hat. Gerade Schloß Charlottenburg, sein Orangeriesaal und sein Park waren Schauplätze einiger für die Geschichte der Oper in unserem Lande denkwürdiger Aufführungen. Hier fand die erste italienische Opernaufführung zum

Geburtstag Friedrichs I. im Jahre 1701 statt: „La Fede ne Tradimenti“ und etwas später eine zweite: „L'inganno vinto dalla costanza“, der bestrafte Betrug des Schäfers Atys. Hierin bildete ein Echo und eine Furienmusik den Höhepunkt, die die Zuschauer bald in Schrecken, bald in Mitleid versetzte. Ein Ausdruck für den frappierenden Naturalismus, der in dem Barock so häufig durchbricht — dafür sind auch in den Dekorationen Beispiele genug. So blickt an der Decke des Porzellankabinetts in Charlottenburg ein ausgestopfter Hirsch aus der Malerei hervor, angeblich soll der König das Tier, das vom Park durchs Fenster gesprungen, hier im Saale erlegt haben. Wir können leider bei den weiteren Festspielen, die in den Galerien des Schlosses, in den Bogengängen und auf dem See des Charlottenburger Schlosses gefeiert worden sind, auch bei dem durch die Besuche des großen Leibniz vergeistigten gesellschaftlichen Leben im Sommersitz der Königin nicht verweilen. Auch auf die teilweise wohlerhaltene Möbelausstattung, unter der die zahlreichen lackgemalten Schränke, Spinette und Tische auffallen, und auf das wertvolle Porzellan der Kanghi-Zeit können wir nicht eingehen. Zu bemerken ist nur in den späteren Räumen um 1710, vornehmlich an den reizenden Arabeskenmalereien der kleinen Kabinette links vom Eingang nach vorne, die zunehmende Einwirkung der französischen Ornamentik, insbesondere des Bérain, gegenüber der italienisierenden Behandlung der Schlüterzeit.

Damit ist eine wichtige kunstgeschichtliche Betrachtung zu verknüpfen, die das Äußere veranlaßt. Die Eosanderschen Flügelbauten weichen durch ihre strengen Formen vollständig von dem gleichzeitig der Vollendung entgegengehenden Berliner Königspalaste Schlüters ab. Es sind die Lehren der französischen akademischen Architektur, die der aus Paris zurückgekehrte Eosander dem römischen Barock Schlüters gegenüberstellt. Auch der Grundriß der neuen Anlage mit seiner Breitenerstreckung und dem Ehrenhof, dem Cour d'honneur mit Seitenflügeln und Gitterabschluß ist von dorther gekommen. So erklärt sich denn, daß Eosander auch in dem seit 1707 entstehenden selbständigen Westbau des Berliner Schlosses von Schlüters belebten Formen abweicht. Nun war bereits im Jahre 1700 einer der hervorragendsten französischen Baumeister dieser Richtung, Jean de Bodt, ein Schüler des älteren Blondel, nach Berlin gekommen und als Hofbaumeister und Hauptmann angestellt worden. De Bodt, wegen seines reformierten Glaubens zuerst nach England ausgewandert, wo er am Schlosse Whitehall mitgewirkt hatte, schuf, gleichzeitig mit dem Schlüterschen Schloß, in dessen unmittelbarer Nachbarschaft das Berliner Zeughaus und damit eines der denkwürdigsten Zeugnisse des Pariser Stils des reifen Louisquatorze auf deutschem Boden. In Potsdam führte er im Jahre 1701 durch das noch erhaltene schöne Marktportal mit Kuppel den Bau des Stadtschlosses zu Ende. Er schuf ferner die für Hugenottenkaufleute angelegten Gebäude der Stechbahn am Schloßplatz und zwei der Ehrenpforten zum Einzug des Königs. Durch diesen bedeutenden Meister ist in der Folgezeit die strenge französische Architektur auf die Berliner Schloßbaukunst von entscheidendem Einfluß gewesen. Ihm gesellten sich noch der Ingenieur Cayart, später de Bodts Freund Longuelune und ferner der als Professor für Baukunst an der Akademie wirkende Jean Baptiste Broebes, ein Schüler Marots, hinzu. Dieser Theoretiker hat ein Werk über die Schlösser Friedrichs I. in Kupferstich herausgegeben, das 1733 in Augsburg erschien: „Vues des Palais et Maisons de Plaisance de S. M. Roi de Prusse.“ Doch ist Broebes keine einwandfreie Quelle für die Baugeschichte, weil er die Bauten oft nach eigenen Ideen abwandelt — in einzelnen Fällen sind seine Änderungen Vorschläge während der Bauausführung. Charakteristischerweise gibt er mehrere Schlösser im Stil der französischen Akademie wieder, die aber nachweislich vom Großen Kurfürsten in holländischen Formen erbaut waren, z. B. das Potsdamer Stadtschloß.

Auf die übrigen, mit Ausnahme von Schönhausen, bis auf Nebenbauten und Alleen verschwundenen Landschlösser Friedrichs I. in der Umgegend Berlins, in Mahlow, Friedrichsfelde, Friedrichsthal, Alt-Landsberg usw., ist hier nicht der Platz einzugehen. Erwähnung verlangt nur das Lusthaus, das Friedrichs I. Günstling, der allmächtige Graf Wartenberg, im Jahre 1703 durch Eosander an Stelle eines Vorwerks der Louise Henriette im heutigen Garten von Monbijou erbauen ließ (Tafel 24). Es war ein kurze Villa mit einem von oben erleuchteten Saal in der Mitte, dem „Salet à la Grec“, von kleineren Schlaf- und Wohnkabinetten umgeben, mit einer Galerie für die Promenade hinter dem Saal. Dieses im Innern mit barocken Textilverkleidungen, mit Damasten und Goldtressen, mit eichenen Vertäfelungen und Wandspiegeln reich ausgestattete

Lusthaus ist im Mittelbau des Schlosses Monbijou noch erhalten. Im Jahre 1711 schenkte Friedrich I., nachdem ihm mit der Absetzung Wartenbergs der Besitz zugefallen war, das Schlößchen und den durch barocke Alleen, Hecken, Grotten, römische Kaiserbüsten und eine Menagerie ausgezeichneten Garten der Kronprinzessin Sophie Dorothea, und mit dieser zog alsbald der neuaufkommende Regencegeschmack in das Innere ein.

DIE ZEIT FRIEDRICH WILHELMS I.

/ 1713—1740 /

PRINZLICHE UND ADELIGE SCHLÖSSER IN BERLIN UND UMGEGEND — BÖHME / DIETRICHS / GERLACH UND ANDERE

Sofort nach seiner Thronbesteigung hat der Soldatenkönig Friedrich Wilhelm I. den glänzenden Hofhalt seines Vaters aufgelöst und fast alle Künstler entfernt. Ein Feind von Prunk und Eleganz, Soldat und Volkswirt, kannte er als Leidenschaft nur die Jagd und derbe Geselligkeit bei Bier und Tabak in den bäuerlichen Jagdschlössern seiner Väter in Königswusterhausen, in Köpenick und Grunewald. Den Bau von Lustschlössern stellte er ein. Schlüter ging nach Petersburg, Eosander und Longuelune, der Gobelinwirker Mercier nach Dresden, wohin ihnen später de Bodt folgte, Dubut ging nach München, der ältere Nahl und andere Bildhauer aus Schlüters Schule verließen gleichfalls Berlin, und nachdem beim Leichenbegängnis Friedrichs I. noch einmal alle Pracht aufgeboten worden war, zerstreute sich die Künstlerkolonie, die dieser kunstbegeisterte Monarch geschaffen, in alle Winde.

Aber die Epoche Friedrich Wilhelms I. bedeutet auf dem Gebiete der Berliner Schloßarchitektur keineswegs einen Abbruch der Entwicklung. In dieser Zeit haben die Markgrafen von Brandenburg — Schwedt und eine Reihe reicher Minister und Adeliger, um deren Seßhaftmachung im Lande der König eifrig bemüht war, in Berlin und der Mark eine Anzahl stattlicher Paläste und Landschlösser errichtet, die die Berliner Schloßarchitektur nach Schlüters Fortgang in stetem Fortschreiten erhalten haben.

Unter den Baumeistern dieser Epoche geht Martin Heinrich Böhme, der Schüler Schlüters und Eosanders, als Vollender des Berliner Schlosses im Jahre 1716 voran. Um dieselbe Zeit erbaute er für den Geheimen Staatsrat von Kreutz das noch erhaltene Palais an der Klosterstraße, jetzt Museum für Volkskunde, mit plastischen Giebeln und Geniengruppen in der Mitte, im Innern mit einer schöngeschnitzten Treppe und oben mit einem noch stark an Schlütersche Formen anklingenden Fest=

saale (Tafel 25). Bald darauf baute Böhme für den Markgrafen Albrecht Friedrich das diesem vom Soldatenkönig geschenkte Schloß Friedrichsfelde vor dem Frankfurter Tor um. Das von dem Admiral Raule unter dem Großen Kurfürsten in schlichten holländischen Formen errichtete Landschloß erhielt eine Pilastergliederung und im Innern wieder eine schöngeschnitzte Treppe. Im späteren 18. Jahrhundert ist das jetzt der Familie von Treskow gehörige Schloß außen und innen teilweise verändert worden. Dagegen ist ziemlich gut erhalten das Residenzschloß in Schwedt an der Oder, das nach Böhmes Entwürfen von seinem Schüler Dietrichs von 1719 bis 1723 erbaut wurde (Tafel 26). Wie damals so häufig, trat auch hier an Stelle eines kurzen Landschlosses im holländischen Stil — von Rykwaerts 1670 für die Kurfürstin Dorothea erbaut und von dem General der Artillerie Markgraf Philipp Wilhelm verschönert — ein in die Breite gestrecktes Gebäude mit vorspringenden Seitenflügeln nach dem Vorbilde französischer Adelsschlösser. Also ein ähnlicher Vorgang wie in Charlottenburg. In Schwedt ist der Mittelrisalit des Corps de Logis mit ionischen Pilastern gegliedert und der Eingang mit einem Balkon und geniengekrönten Giebel betont, worin in gleicher Weise wie in der Balustrade auf der Attika Schlüters Barock nachwirkt. Den Stirnfronten der Seitenflügel sind Rundtürme vorgelagert. Der Rückfront ist etwas später eine mächtige, zum großen Mittelsaal führende Rampe vorgelegt, von der man über den zwischen Schloß und Oder hinziehenden schmalen Schloßgarten mit einem berühmten alten Laubengang weg den Blick in die weite, von alten Alleen durchschnittene Wiesenlandschaft genießt. Außer dem großen Saal ist eine zweigeschossige Kapelle im rechten Flügel bemerkenswert. Ein Teil der Räume enthält noch später geweißte Spätbarockdekorationen in Stuck, während im linken Flügel einige Räume mit Überresten von Wanddekorationen aus dem Jahre 1796 zu sehen sind, Überreste der Ausstattung, die der junge Friedrich Gilly für den damaligen Kommandeur der berühmten Schwedter Dragoner, Prinz Ludwig, und seine junge Gattin Friederike, die Schwester der Königin Luise, schuf. Sonst sind die in älteren Beschreibungen so oft gerühmten Herrlichkeiten der kleinen Residenz, das Schauspielhaus, das von Grael erbaute Reithaus und die Lusthäuser und Gehege von „Mon Plaisir“ und „Heinrichs Lust“ bis auf die alten Alleen und Lustwäldchen verschwunden.

Nach dem Tode Böhmes (1725) trat als Oberbaudirektor Philipp Gerlach in den Vordergrund, ein Schüler von Broebes und Eosander, unter dem er am Charlottenburger Schlosse tätig war. Er ist — nachdem de Bodt nach Wesel als Festungskommandant gegangen war, wo er 1718 das schöne Berlinertor errichtete — der wichtigste Vertreter des strengen akademischen Stils, dessen Eindringen am Schluß des vorigen Abschnittes geschildert worden ist. Als das erste Gebäude ganz in der Art der Pariser Adelshotels mit hufeisenförmigem Hof schuf Gerlach im Jahre 1718 in strengen Formen das Palais des Generals von Montargues an der Spree, schräg gegenüber dem Schlosse, in den siebziger Jahren durch die Börse von Hitzig verdrängt, aber in Aufnahmen erhalten. Seit dem Jahre 1722 leitete Gerlach den Ausbau der Friedrichstadt und insbesondere seit 1732 die Erweiterung bis zur Wilhelmstraße mit dem viereckigen Pariser- und Wilhelmsplatz, dem achteckigen Leipzigerplatz und dem ovalen Belle-Alliance-Platz, um uns der späteren Namen zu bedienen. Damals, nach der erfolgreichen Beendigung des nordischen Krieges und der Gewinnung Pommerns mit Stettin begann Friedrich Wilhelm I. den Ausbau dieses Viertels seiner Residenz mit allen Mitteln zu betreiben. Aus den langen Reihen zweistöckiger Bürgerhäuser wuchsen an der Wilhelm- und Leipzigerstraße und an den genannten Plätzen mindestens ein Dutzend großer Paläste vermögender Staatsminister, Generale und Kaufleute empor. Nach Gerlachs Plänen errichtete der bei diesem Ausbau vorzüglich tätige Horst das abgerissene, aber in gleichzeitigen Stichen erhaltene Palais für den Freiherrn von Marschall, Wilhelmstraße 78, später gräflich Finkensteinsches und dann Vossisches Palais, nach dem die hier durchbrochene Voßstraße den Namen hat. Ferner ist das von Gerlach erbaute Kammergericht an der Lindenstraße, ein besonders schönes Zeugnis seiner an den Lehren der französischen Regence geschulten Formengebung. Im Auftrage des Königs baute der Meister zur gleichen Zeit — 1732 bis 1733 — das ehemalige Schombergsche Palais gegenüber dem Zeughaus — wiederum ein Bau der holländischen Richtung Memhardts — für den Kronprinzen Friedrich (den Großen) um: das Kronprinzenpalais, Er gab der Fassade korinthische Pilaster und im Anschluß an das Zeughaus barocke Helme als Fensterschlußsteine. Eine von Trophäen umrahmte Kartusche schmückte den dreiachsigen Mittelrisalit und eine

Attika mit Mansarddach schloß den Bau wie alle gleichzeitigen Paläste ab. Neben dem Schlosse war das kronprinzliche Palais natürlich der interessanteste Bau für die Berliner und ist daher in vielen Abbildungen überliefert. Leider ist er in der Mitte des 19. Jahrhunderts durch Strack für den Kronprinzen Friedrich, den späteren Kaiser, außen und innen durchgreifend verändert worden. Nach Gerlachs Plänen entstand im Jahre 1735 für den Präsidenten von Görne das Palais Wilhelmstraße 72, später Prinz Alexander und Georg, heute noch im Besitz der königlichen Familie, in der Mitte des 19. Jahrhunderts mit einer Fassade der Schinkelschule verkleidet, hinter der das alte Mansarddach noch sichtbar ist. Die strengen Formen der Pariser Bauschule in Gerlachs Architektur waren gleichzeitig in Dresden durch de Bodt (Japanisches Palais) und Longuelune durchgesetzt worden. Soll man Nicolai Glauben schenken, so hat de Bodt auch damals noch Beziehungen zu Berlin unterhalten, denn das 1737 für den Grafen Truchseß zu Waldburg begonnene, für den Markgrafen Karl von Schwedt als Herrenmeister des Johanniterordens erbaute heutige Palais Prinz Friedrich Leopold am Wilhelmplatz soll nach de Bodts Entwürfen durch den Bauadjutanten Richter ausgeführt worden sein. Der schöne Bau ist nur in Abbildungen erhalten; in der Mitte der zwanziger Jahre des 19. Jahrhunderts hat er durch Schinkel außen und innen eine völlig neue Gestalt erhalten. Von Richter ist das schräg gegenüberliegende jetzige Reichskanzlerpalais in den Jahren 1736—1739 für den General Graf von der Schulenburg erbaut worden, im Corps de Logis ist der Mittelrisalit mit doppelten Pilastern im Obergeschoß etwas verändert worden (Tafel 27). Das Palais ist von Friedrich Wilhelm II. für seine Geliebte, die Gräfin Dönhoff, eingerichtet worden und ist denkwürdig als Wohnung Bismarcks in den Jahren 1875 bis 1890. An der Ecke der Linden beim Opernhaus entstand um 1735 aus einem älteren Hause das Palais des Markgrafen Friedrich Heinrich von Schwedt in strengen de Bodtschen Formen mit Mansarddach und Rampe, heute durch das Palais des alten Kaisers Wilhelm verdrängt (Tafel 28). Es sind noch einige größere Bauten in Berlin erhalten, die diesen feinen, unter französischer Einwirkung entwickelten Stil der Regence vertreten, z. B. das Schicklersche Haus von Gerlach in der Gertraudtenstraße, das Haus der böhmischen Gemeinde in der Wilhelmstraße und das Predigerhaus der Dreifaltigkeitskirche. Unmittelbar nach Pariser Plänen entstand das heutige Palais Prinz Albrecht, Wilhelmstraße 102, für einen französischen Geldmann, Baron Vernezobre, in den Jahren 1737—1739. Dieses Palais, durch Schinkel namentlich im Innern vollständig und im Äußern unerheblich verändert, vertritt die feine Pilastergliederung mit Rundbogenfenstern in der Art etwa des Briseux und liefert doch den Beweis, wie sehr Pariser Originalkünstler von den bodenständigen Berliner Schloßbaumeistern abweichen. Neben Gerlach war die bedeutendste Baumeisterpersönlichkeit unter Friedrich Wilhelm I. Johann Friedrich Grael, dessen Palaisbauten Unter den Linden von Kameke und von Bork verschwunden sind, der dafür aber durch die wundervollen Turmbauten der Sophienkirche hinter Monbijou und der Garnisonkirche und Heiliggeistkirche in Potsdam fortlebt, Turmschöpfungen, in denen Baugedanken des Schlüterschen Münzturmprojektes nachwirken. Der dritte hervorragende Baumeister dieser Schule ist Friedrich Wilhelm Dietrichs, der nach Böhmes Plänen das Schloß in Schwedt ausführte. Von ihm haben sich erhalten die in den zwanziger Jahren entstandene Gutskirche in Buch bei Berlin und das Prinzessinenpalais am Ende der Oberwallstraße, das er im Jahre 1733 aus zwei Häusern für den General von Becheffer umbaute (Tafel 29), eine Fassade, die in ihrer kraftvollen Plastik das Fort- und Wiederaufleben der Schlüterschen Empfindungsweise innerhalb der französischen Regelmäßigkeit dartut. Der dreiachsige Mittelrisalit ist durch starke ionische Pilaster, ein ausladendes Konsolengesims mit vasenbekrönter Attika und durch die vorspringenden Segmentgiebel und kräftigen Rahmen der Fenster betont. Nahe verwandt ist das von Dietrichs Schüler Wiesend 1736 erbaute prächtige gräflich Schwerinsche Palais, Wilhelmstraße 73, heute Hausministerium, das in der plastischen Gliederung des Mittelrisalits und der Stirnseiten der Seitenflügel zu den schönsten Schöpfungen der Baukunst unter Friedrich Wilhelm I. gehört (Tafel 30).

Der König Friedrich Wilhelm I. selbst, der als ein echter Landesvater das Zustandekommen dieser vielen prächtigen Palaisbauten durch Hergabe von Bauplätzen, Materialien und Vorschüssen förderte, hat für sich selbst nur einige anspruchslose Bauten errichtet, unter denen zwei interessant sind, weil sie den holländischen Stil wieder zur Geltung bringen. Das eine ist die kleine Gloriette in Backstein mit holzgeschnitzten

Portalen und geschweiftem Dach, die der König auf einer Insel inmitten eines Bassins auf dem heutigen Bassinplatz in Potsdam errichtete. Sie wurde von dem Holländer Boumann dem Älteren, den der König im Jahre 1732 berufen hatte, errichtet, zugleich mit dem „holländischen Viertel" am Rande des Bassins. In den Formen des holländischen Viertels ließ der König 1732 in der Parforceheide am Rande der Nutheniederung in Backsteinrohbau das kleine Jagdschloß Stern erbauen, das mit seiner schmalen dreifenstrigen Fassade und einem hohen Schweifgiebel unter alten Linden hindurchsieht und den Ausgangspunkt einer Reihe sternartig ausstrahlender, heute leider verfallener Schneisen für die Parforcejagd bildete. Im Innern ist ein schöner, ganz vertäfelter Saal mit gewölbter Decke und Kuppel, deren starke Stuckprofile dem „Tabakskollegium" in der Gloriette in Potsdam verwandt sind. Ein schwerer Marmorkamin mit Spiegel in Holzschnitzerei darüber bildet die Mitte der Rückwand, die mit Jagdbildern angeblich von des Königs eigener Hand gemalt sind. Die übrigen Wände zieren die Geweihe des „Großen Hans", eines berühmten, von August dem Starken geschenkten Vielenders, der in der Parforceheide hauste. Hinten liegt die Küche und das Schlafzimmer des Königs mit der Bettnische in einer alten Vertäfelung. Im „Stern" kann man sich besser ein Bild von der derben Persönlichkeit des Soldatenkönigs machen als in seinem Lieblingsschloß Königswusterhausen in den wald- und wasserreichen Auen der Oberspree. Dieser schmucklose Spätrenaissancebau, wo der König mit seiner Familie während der Sommermonate alljährlich das rauhe Leben eines Jagdherrn und Landwirtes führte, wie uns seine Tochter Wilhelmine von Bayreuth geschildert hat, ist in der Innenausstattung durch die kitschige Jagdromantik des 19. Jahrhunderts seines historischen Zaubers beraubt.

Leider sind alle die genannten Paläste aus der Regierungszeit Friedrich Wilhelms I. bis auf wenige Überreste im Innern umgestaltet, so daß sich kein Bild von der Entwicklung der Innendekoration nach dem Fortgang Schlüters und Eosanders gewinnen läßt. Der Monarch selbst hatte für elegante Räume keinen Sinn. Im Berliner Schloß ließ er sogar einen Teil der Wände weiß überstrichen. Er saß am liebsten in schlichtgekälkten Räumen auf derben grüngestrichenen Bauernstühlen mit der langen tönernen Tabakspfeife und derben Deckelkrügen aus Berliner Fayence vor sich, wie auch das Mobiliar aus Königswusterhausen usw. im Hohenzollernmuseum zeigt. Ein Hauptwerk der Innendekoration, die von ihm 1728 zum Besuche Augusts des Starken unternommene Ausstattung des weißen Saales im Berliner Schloß, ist nur in den Entwürfen erhalten, ein Zeugnis für den Fortschritt zum Regencestil, wie ihn gleichzeitig Gerlachs Bauten im Äußeren dartun. Bemerkenswert ist die reiche Ausschmückung mit silbernem Mobiliar und silbernem Gerät, die der Soldatenkönig den Paradekammern im Berliner Schloß zuteil werden ließ, wovon nur einige große Spiegelrahmen und Luxusgeschirr erhalten sind. Der mit Kriegstrophäen überladene, vom älteren Lieberkühn gefertigte silberne Musikerchor im Rittersaal ist durch Friedrich den Großen in den schlesischen Kriegen eingeschmolzen und durch eine Nachbildung in versilbertem Holz ersetzt worden, ein eklatanter Beleg dafür, daß diese fürstlichen Silberausstattungen des Barock Investierungen des Staatsvermögens für Zeiten der Not darstellten. Aus diesem Grunde hat der sonst allem Prunk feindliche Soldatenkönig diese Ausstattung geschaffen. Einen Ansporn in dieser Richtung hatte ihm der Aufenthalt in Dresden am Hofe Augusts des Starken in den Jahren 1728 und 1730 gegeben.

Im Gegensatz zu dem bäuerlichen Geschmack des Königs war die Königin Sophie Dorothea von Hannover, die Schwester Georgs I. von England, allen Äußerungen der von Frankreich ausgehenden eleganten Lebensformen der Regence zugetan. Sie hat ihr Lustschloß Monbijou zuerst in Berlin dem neuen Stil in der Innenausstattung geöffnet. Das von Eosander für den Grafen Wartenberg erbaute kurze villenartige Schlößchen, das ihr Friedrich I. im Jahre 1711 geschenkt hatte, hat sie durch die Verdoppelung der nach der Spree vorgelagerten Galerie vergrößert. Und diese lange, durch bis zum Boden reichende Rundbogenfenster erleuchtete Galerie und die angrenzenden Kabinette ließ sie mit Spiegeln und Holzvertäfelungen verkleiden und mit chinesischem, mit Meißener, Ansbacher und Plauer Steinzeug auf Konsolen dekorieren. Auch die übrigen Kabinette wurden in modernem Geschmack ähnlich ausgestattet. Diese Einrichtung, die ein Inventar von 1738 überliefert hat, ist ein wichtiges Zeugnis für die Geschmacksrichtung der Königin.

DIE SCHLOSSBAUTEN FRIEDRICHS DES GROSSEN VOR DEM SIEBENJÄHRIGEN KRIEGE

RHEINSBERG / CHARLOTTENBURG / POTSDAM UND SANSSOUCI – GEORG WENZESLAUS VON KNOBELSDORFF

Mit der Thronbesteigung Friedrichs des Großen im Jahre 1740 beginnt die zweite Glanzepoche in der Geschichte der preußischen Königsschlösser. Es war der Ehrgeiz des jungen Königs, den künstlerischen Glanz, den sein Großvater der Residenz verliehen, zu erneuern und womöglich noch zu steigern. Die tüchtigen Baumeister, die unter der Regierung seines Vaters als Erben der Schlüterschen und de Bodtschen Tradition auf dem Gebiete des Palais- und Schloßbaues, namentlich in dem letzten Jahrzehnt Friedrich Wilhelms I., so Ausgezeichnetes geleistet hatten, die genügten dem nach Großem und Besonderem strebenden Geiste des jungen Friedrich nicht. Er suchte und fand in Georg Wenzeslaus von Knobelsdorff einen Meister, der zur Gestaltung der ihm vorschwebenden baukünstlerischen Gedanken befähigt war.

Wie Andreas Schlüter so tritt auch Knobelsdorff fast unvermittelt in den Kreis der bodenständigen Baumeisterschule des Berliner Hofes ein. Wie der große Bildhauer so kam auch Knobelsdorff von außen her, von der Malerei zur Architektur, und so traten auch ihm im Laufe der Arbeit Schwierigkeiten mit den beruflich geschulten Baumeistern entgegen, auf deren Mitarbeit er angewiesen war. Er teilt auch mit Schlüter das Schicksal, nach einer kurzen, glanzvollen Tätigkeit bei seinem Fürsten in Ungnade zu fallen.

Die Anfänge des Wirkens Friedrichs und Knobelsdorffs fallen bereits in den Anfang der dreißiger Jahre, als der Kronprinz nach der Versöhnung mit seinem Vater seine Garnison in Neuruppin nahm. Hier entstand als erste Schöpfung der beiden Freunde ein Lustgarten am Walle mit einem dem Apollo gewidmeten dorischen Rundtempel auf einem Hügel. Der neben einigen Waldgöttern in dem verwilderten und aufs übelste entstellten Garten noch erhaltene Bau ist ein frühes Zeugnis für die Verehrung der Antike und ihres Musengottes, die dem ganzen Schaffen Friedrichs und Knobelsdorffs ein eigentümliches Gepräge gibt. Allerdings ist es die Antike, die durch den italienischen und französischen Barock übermittelt wurde.

Die zweite und für das Verständnis des späteren Kunstschaffens der beiden Freunde so bedeutsame Schöpfung ist das Schloß und der Park in Rheinsberg, den sie seit dem Jahre 1735 umzugestalten begannen. Das Rheinsberger Schloß, das der mit seinem Sohne völlig ausgesöhnte Soldatenkönig dem Kronprinzen schenkte, war ein altmärkischer Edelsitz mit zwei im rechten Winkel aneinanderstoßenden Flügeln, dessen einem ein Rundturm vorgelagert war. Der Kronprinz ließ durch den Baudirektor der kurmärkischen Kammer, Kemmeter d. J., einen zweiten linken Flügel nebst einem Rundturm an der Stirnseite als Gegenstück anfügen, so daß der zeitgemäße hufeisenförmige Grundriß mit dem Ehrenhof nach dem See zu entstand (Tafel 31). Kemmeter gehörte zu der im vorigen Kapitel gekennzeichneten Baumeisterschule unter Friedrich Wilhelm I., die den strengen französischen Geschmack in der Art de Bodts mit einem eigenen plastischen Empfinden verband. Und so zeigen die von Kemmeter herrührenden Teile in Rheinsberg, z. B. die Gartenseite des neuen Seitenflügels und die Türme, jene maßvollen, aber durch kräftige Fensterverdachungen, Konsolen und Rahmen belebten Formen des Gerlach und seiner Schule. Während des Umbaues sandte der Kronprinz seinen Freund und Intendanten Knobelsdorff zum Studium der Baukunst nach Rom — zugleich mußte der Künstler auch hier und in Venedig nach Musikern, Sängern und Tänzern für das Rheinsberger Theater Ausschau halten. Nach seiner Rückkehr übernahm Knobelsdorff die Fortführung des Rheinsberger Schlosses zusammen mit dem Baudirektor Wangenheim. Die Gestaltung des Corps de Logis in der Mitte des Hauptflügels verdankt offenbar Knobelsdorffs Eingreifen ihre endgültige Fassung. Nach dem Ehrenhof zu ganz schlicht und nur durch die schönen Verhältnisse wirkend, zeigt es nach außen eine italienische Barockfassade mit gefugten Ecken und Fenstereinfassungen und starken Giebeln sowie ein ausladendes Konsolengesimse mit bewegten Statuen auf der Attika. Die Hand Knobelsdorffs tritt aber noch deutlicher in der doppelsäuligen ionischen Kolonnade vor Augen, die den Ehrenhof nach dem See abschließt. Auf Treppenstufen erheben sich die schlanken Säulenpaare und tragen eine zierlich durchbrochene Balustrade mit bekrönenden Blumenvasen und Puttengruppen. Hier enthüllt sich die für Knobelsdorff so charakteristische Lockerung der strengen Gebundenheit der älteren Berliner Schule, aus der er als Schüler Kemmeters und Wangenheims in der Architektur herausgewachsen ist. Noch stärker offenbart sich dieser Zug in dem am Abschluß der breiten Seitenallee von Knobelsdorff errichteten Portal mit zu vieren gekuppelten, hochaufragenden, korinthischen Säulen, die auf einem schlanken Gebälkstück reizende Blumenvasen tragen. Hier würde es zu weit führen, die Entstehung der Knobelsdorffschen Kunst bis ins letzte zu verfolgen. Von einschneidender Bedeutung ist dabei seine enge Berührung mit der französischen Malerei der Regence — war er doch nach seinem Abschied aus der Armee als Dreißigjähriger in Berlin zuerst bei Antoine Pesne in der Malerei ausgebildet worden, bei diesem seit 1711 als Nachfolger des Hofmalers Terwesten in Berlin wirkenden Pariser Meister aus dem Kreise Watteaus und Lancrets. Und in Rheinsberg hatte er Gelegenheit, die französischen Meister selbst in der von seinem fürstlichen Freunde und Gesinnungsgenossen angelegten Gemäldesammlung zu studieren. Insbesondere ist es der geistvolle malerische Zug dieser Richtung, der sich auch in der Auffassung der Architekturen und Parklandschaften äußert, der Knobelsdorff entscheidend angeregt hat. Das belegen auch die Zeichnungen von römischen Ruinen und Landschaften, die er auf seiner Reise angefertigt hat. Ein sehr wichtiges Moment in der Auffassung Knobelsdorffs von Architektur und Parklandschaft ist die damals in Rom und Venedig erblühende Vedutenmalerei, die, ähnlich wie die französische Malerschule des Spätbarocks, die Empfindung für das malerische Zusammenwirken von Architektur und Landschaft verfeinert hat. Die römischen Barockelemente in Knobelsdorffs Kunst — er führte im Rheinsberger Freundeskreise den Scherznamen des „Chevalier Bernin", des Ritters Bernini — sind von anderer Art als die seines Vorgängers Schlüter 30 Jahre vorher; natürlich, denn inzwischen war der malerische Zug im Barock gegenüber dem plastischen in den Vordergrund getreten, war der Stilumschwung zum Rokoko eingetreten.

Von der Gartenanlage des Kronprinzen und Knobelsdorffs ist außer der genannten großen Allee, die in der Mitte von einem mit zwei Sphinxen auf Treppenstufen belebten Rondell unterbrochen ist, wenig erhalten, da der spätere Besitzer Prinz Heinrich nach dem Siebenjährigen Kriege den streng französischen Garten im frühenglischen Stil umgeschaffen hat. Leider ist auch das Innere des Schlosses zum größeren Teile von dem Prinzen im frühklassizistischen Geschmacke verändert worden. Nur einzelne Dekorationen und Deckenmalereien in den Zimmern des Kronprinzen im rechten Flügel haben sich gerettet. So in dem berühmten Arbeitszimmer des Kronprinzen im rechten Turm, im Treppenhaus und im Konzertsaal. In dem letzteren eines der schönsten Deckengemälde von Antoine Pesne, der Sonnengott auf dem Viergespann am Himmel heraufziehend und die Dunkelheit verscheuchend, eine poetische Lieblingsidee des frühen friderizianischen Rokokos, die lichte Haltung der Töne auch in der Deckenmalerei den Stil einer neuen Zeit gegenüber den schweren barocken Deckengemälden Terwestens und seiner Zeitgenossen in den Schlössern Friedrichs I. offenbarend. Leider reichen die erhaltenen Dekorationen, die geschnitzten Türen, die Schnörkel und Embleme an den Supraporten und Deckengesimsen nicht aus, um ein klares Bild der Anfänge des friderizianischen Rokokos zu geben. Diese von dem kronprinzlichen Paare, das damals noch in glücklicher Harmonie lebte, mit so vielem Eifer eingerichteten Gemächer werden uns nur in ausführlichen Inventarbeschreibungen überliefert. In den mit hellen grünen und blauen Seidenbespannungen in versilberten und vergoldeten Rahmen ausgeschlagenen Räumen entfaltete sich um das junge Fürstenpaar die feine Geselligkeit des Rheinsberger Freundeskreises, die auf allen künstlerischen Gebieten, wie auf denen der Literatur, des Schauspiels, der Musik und der Philosophie, den Idealen eines neuen Zeitalters auf dem Boden der Mark Eingang verschafft hat.

Mit der Thronbesteigung Friedrichs im Jahre 1740 setzte in der Residenz unter Knobelsdorffs Oberleitung eine eifrige Bautätigkeit ein, die nun die in der Stille von Rheinsberg gefaßten Pläne verwirklichen sollte. Neben dem Opernhause, des von den Zeitgenossen als Denkmal einer neuen Auffassung der Antike bewunderten Baues, ist aus diesen Jahren — 1740 bis 1742 — die bedeutendste Schöpfung das sogenannte „Neue Schloß“ in Charlottenburg, der langgestreckte Ostflügel, den der junge König dem Schlosse seiner Großmutter Sophie Charlotte anfügte. Vor allem bestimmte ihn der herrliche, nach Le Nôtres Plänen angelegte, von der Spree umflossene Park zur Wahl Charlottenburgs als Sommerresidenz. Knobelsdorff mußte die Allee vom Brandenburgertor durch den Tiergarten nach Charlottenburg verbreitern und durch Heckenwände und Rondelle, darunter den „Großen Stern", verschönern. Der Charlottenburger Ostflügel ist ein langgestreckter zweistöckiger Bau — als Gegenstück zur Orangerie Eosanders — mit gefugtem Erdgeschoß, in der Mitte durch ein fünffenstriges Risalit mit vorgelegter doppelsäuliger jonischer Kolonnade und Pilastern gegliedert, abgeschlossen durch eine breite Attika mit Vasen. Die äußerst vornehme Fassade mit den schlanken Fenstern, die im Risalit rundbogig schließen, zeigt die unmittelbare Einwirkung, die Knobelsdorff anläßlich seines auf Friedrichs Kosten im Jahre 1740 in Paris unternommenen Studien von der dortigen Architektur empfangen hat. Insbesondere die Schöpfungen der strengen Schule des Mansart, die Arbeiten Briseux' haben ihn angezogen. Auch hier besteht ein wesentlicher Unterschied mit der französischen Richtung, die um 1700 mit de Bodt in Berlin eingezogen war, man braucht ja nur das Zeughaus und das de Bodtsche Potsdamer Schloßportal mit dieser Charlottenburger Fassade zu vergleichen. Zwar ist das strenge Maß vorherrschend geblieben, aber doch erscheint die Behandlung zarter und lockerer — Gradunterschiede, deren Erkenntnis für den Genuß der verschiedenen Stilepochen des Barocks notwendig sind.

Das Innere enthält eine Reihe von Räumen im ursprünglichen Zustande, die zu den Perlen nicht nur des deutschen, sondern des europäischen Rokokos gehören. Knobelsdorff hatte das Glück, in dem Bildhauer Johann August Nahl d. J. einen der hervorragendsten Dekorateure der Zeit zu finden.

Die fünf Türen des Mittelrisalits führen in ein säulengetragenes Vestibül, von wo man das viereckige, einarmige Treppenhaus betritt. Die Wände sind von silbergrauem Stuckmarmor, mit schlanken Pilastern belebt, auf den Gesimsen sitzen vier weiße Stuckgruppen der Tageszeiten nach Nahls Modellen und darüber wölbt sich ein lichtes Deckengemälde von Pesnes Hand: Die Morgenröte (1745). Die freischwebende Treppe ist von einem zierlich aufwärtslaufenden schmiedeeisernen Geländer begleitet. Die Räume zur Linken der Treppe sind von Friedrich Wilhelm II. zum großen Teil umgebaut. Nur das weiß und goldvertäfelte Schreibzimmer und die angrenzende Bibliothek mit den Konsolen der verschwundenen antiken Marmorbüsten nach dem Park zu und eine Reihe Pesnescher Deckengemälde sind erhalten. Auf der rechten Seite betritt man den großen Speisesaal, dessen weiße Stuckwände von Pilastern gegliedert sind, über deren Gesimse das Pesnesche Deckengemälde der Versammlung der Götter sich hinspannt. Wundervoll sind die von Nahl geschnitzten vier Türen mit versilberten Reliefs, Gruppen, Schäferpaare in Landschaft, eingefaßt von Rahmen in Frührokokostil. Den Höhepunkt bezeichnet die anstoßende goldene Galerie, der große Tanzsaal, in dem fortan bei Vermählungen im Königshause der berühmte Fackeltanz abgehalten wurde (Tafel 32, 33). Die Wände sind von silbergrauem Stuckmarmor und zwischen den zum Boden reichenden elf Fenstern jederseits mit vergoldeten Stuckornamenten geschmückt, die abwechselnd Spiegel einfassen und Garten- und Musikinstrumente in vergoldetem Stuck umrahmen. Die flachgewölbte Decke ist von feinen Rocailleranken übersponnen. Dieser Saal ist das Glanzstück im Werke Nahls, und nur wenige Räume des Rokokos innerhalb und jenseits der deutschen Grenzen sind ihm vergleichbar. Die weiteren Räume nach Osten, Wohngemächer des Königs, sind etwas später eingerichtet. Die Räume des „Neuen Schlosses" füllte der junge König mit Gemälden der französischen Schule, von Watteau, Lancret usw., die er wie kein anderer schätzte und verstand, mit antiken Bildwerken aus der Sammlung des Kardinals Polignac und mit Marmorgruppen des römischen Barocks, wobei auch die römischen verschiedenfarbigen Marmorplatten der geschnitzten Konsoltische nicht zu vergessen sind. Das eigentümlich geistvolle Gepräge der friderizianischen Räume aus dieser Frühzeit des Königs, die Verbindung von strengem Maß mit leichtem Spiel feinliniger, von Blumenwerk und musischem Gerät durchsetzter Rocailleschnörkel, also diese besondere Note des friderizianischen Rokokos, die jedem Besucher von auswärts sogleich auffällt, erklärt sich dadurch, daß der König bis ins einzelne an der Ausstattung seiner Schlösser teilnahm. Auch im Feldlager während des Ersten Schlesischen

Krieges hat er über den Fortgang des Schloßbaues in Charlottenburg eingehende Berichte eingefordert.

Von den übrigen Arbeiten, die Friedrich in den ersten Jahren in Berlin unternahm, sei die Wohnung im ersten Stocke des Berliner Schlosses nach dem Schloßplatz erwähnt, die allerdings bis auf das vom älteren Hoppenhaupt dekorierte runde Turmzimmer im Erker an der Spree nur in Überresten bewahrt ist. Verschwunden ist auch das Theater, das Knobelsdorff gleich nach der Thronbesteigung im Alabastersaal des Schlosses einrichtete. Desgleichen ist der vom König für seine Mutter Sophie Dorothea am Schloß Monbijou angebaute Ostflügel mit großem Speisesaal in der Mitte und einer Reihe von Sälen umgeändert worden.

Die Residenzen Charlottenburg und Berlin traten wenige Jahre nach der Thronbesteigung vor Potsdam zurück, und namentlich nach dem Zweiten Schlesischen Kriege schuf der König hier mit Knobelsdorff eine ganz neue Residenz, die er mit den Jahren nur noch alljährlich während der Karnevals- und Opernsaison mit Berlin vertauschte. In der Stadt selbst baute er das Stadtschloß mit dem Lustgarten und der Umgebung aus, und auf dem Höhenzuge vor der Stadt im Westen schuf er sich den Sommersitz von Sanssouci.

Das Potsdamer Stadtschloß ist ein völliger Umbau des von dem Großen Kurfürsten begonnenen und von Friedrich I. vollendeten Gebäudes, das oben geschildert worden ist. Aber dieser Umbau unter Beibehaltung des Grundrisses und großer Teile der Mauern beweist die außerordentliche Gestaltungskraft Knobelsdorffs. Was hat er aus der ungefügen Masse des alten Schlosses gemacht! Indem er die Flügel auf die gleiche Höhe mit dem Hauptgebäude am Lustgarten brachte, erhielt er eine einheitliche Fläche, die er durch Vorsprünge belebte und durch ein ringsum laufendes, leicht geböschtes, gefugtes Erdgeschoß, durch Säulen- und Pilasterstellungen im Hauptgeschoß und durch ein kraftvolles Gesimse mit statuen- und vasengeschmückter Dachbalustrade zusammenfassend gegliedert hat. Das Hauptgebäude nach dem Lustgarten ist im Mittelrisalit durch doppelte korinthische Halbsäulen und durch eine reiche, von Genien getragene Wappenkartusche am Gesimse hervorgehoben (Tafel 34, 35). Die Rampe davor ist mit Laternenträgern und Sphinxen besetzt. Nach dem Hofe zu ist der Mittelbau durch Knobelsdorff vorgezogen und ebenfalls durch korinthische Halbsäulen auf ge-

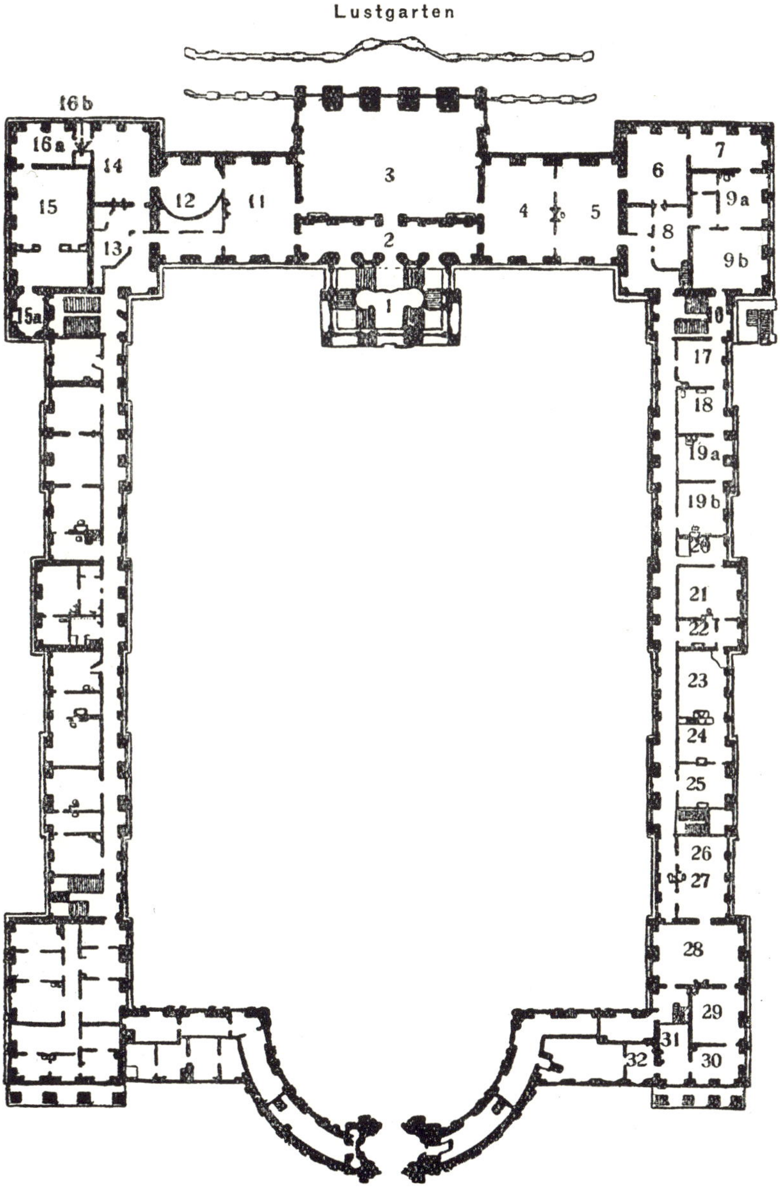

Abb. 3. Potsdam, Stadtschloß mit der Wohnung Friedrichs des Großen im ersten Stock (nach Seidel)

1 Treppenhaus
2 Marmorgalerie
3 Großer Marmorsaal
4 Broncesaal
12 Speisezimmer Friedrichs des Großen (Vorzimmer zum Musikzimmer)
14 Musikzimmer Friedrichs des Großen
16 a Arbeitszimmer Friedrichs des Großen
15 Schlafzimmer und Bibliothek Friedrichs des Großen
15 a Konfidenztafelzimmer Friedrichs des Großen

fugtem und geböschtem Sockel gegliedert (Tafel 36). Der Hof mit der ringsum laufenden Pilasterordnung ist einer der Höhepunkte in Knobelsdorffs Schaffen. Ein Vergleich mit dem Schlüterhofe im Berliner Schloß macht den Unterschied zwischen den beiden Zeitaltern besonders deutlich. Die Flügel sind nach dem Markte zu als Tempelfassaden mit vier freistehenden korinthischen Säulen um 1750 vollendet worden. Der warme, ockergelbe Ton der geputzten Rücklagen, von dem sich die grauen Sandsteinglieder abheben, das teilweise grünoxydierte Kupferdach und Reste von Vergoldungen machen eine schöne farbige Wirkung — doch war diese unter dem großen König etwas anders, indem die verputzten Flächen rot getönt und die Dächer blau gestrichen waren. Durch das Portal vom Hofe her betritt man das von Knobelsdorff erbaute breitrechteckige, in den Ecken abgerundete Treppenhaus mit elegant emporsteigender, von zierlichem Bronzegeländer begleiteter Treppe, die Wände mit silbergrauem schlesischem Marmor verkleidet, durch Pilaster aus weißem Marmor gegliedert, dazwischen Gehänge aus feuervergoldeter Bronze und Marmorhermen als Träger des Gesimses in den Ecken. Die kuppelartige, durch einschneidende ovale Oberlichter beleuchtete Decke zeigt ein Gemälde von Pesne: Minerva überwindet Neid und Zwietracht. Dieses Treppenhaus erweckt eine Ahnung davon, was wir mit Knobelsdorffs Zuschauerraum und Apollosaal im Berliner Opernhaus verloren haben: ein Meisterwerk der Raumkunst, in dem sich Gliederung und Verzierung dem Maße des Raumes trotz aller Lebendigkeit aufs strengste einordnen. Die Grundtendenz des Knobelsdorffschen Raumschaffens ist allerdings nicht in dem Maße von fortreißendem Bewegungsdrang bestimmt wie die seines süddeutschen Zeitgenossen Balthasar Neumann, wie ein Blick in die etwa gleichzeitigen Treppenhäuser der fürstbischöflichen Schlösser in Brühl und Bruchsal lehrt. Über eine mit grauem Marmor verkleidete Galerie hinweg betritt man den großen Marmorsaal, der das Mittelrisalit nach dem Lustgarten einnimmt, bis ins Dach hineinreicht, jenen Saal, der als Mittelpunkt des kurfürstlichen Schlosses beibehalten worden ist. Am Gesimse sitzen von der alten Ausstattung noch die herrlichen Stuckgruppen Schlüters von 1694, und in die Wände sind die Gemälde der niederländischen Schule mit den Verherrlichungen des Großen Kurfürsten eingelassen. Knobelsdorff hat sie in vergoldete Rahmen gefaßt und die Wände mit rötlichgrauem Marmor und Pilastern verkleidet. Die Wölbung der Decke ist mit geschweiften Kassetten und palm⸗ baumartigen Zwickeln Gold auf Weiß stuckiert, im Spiegel ein Gemälde von Amadeus van Loo, dem Nachfolger Pesnes als Hofmaler: Ver⸗ götterung des Großen Kurfürsten. An den großen Saal schließen sich ostwärts nach der langen Brücke zu die Gemächer des Königs, unter denen einige zu den glänzendsten Denkmälern des deutschen Rokokos gehören, so das Speisezimmer mit blaßgrüner, silberumrahmter Ver⸗ täfelung und das herrliche Konzertzimmer, grün und goldverziert von Nahl, beide mit eingelassenen Gemälden von Lancret und Pesne, darunter Darstellungen der Cochois, der Barberina und französischer und italienischer Ballett⸗ und Schauspielergesellschaften des Königs (Tafel 37, 38). Unvergleichlich ist das Zusammenwirken dieser Bilder mit den von Blumen, Wasserpflanzen und Musikinstrumenten durchsetzten Getäfeln! Köstlich ist auch ein kleines, ganz vertäfeltes Kabinett und das allerdings später ausgeführte Schreibzimmer des Königs mit natür⸗ lichen Blumenranken in Schnitzerei an Wänden und Decke. Das an das letztere anstoßende Arbeits⸗ und Schlafzimmer nach der Schloß⸗ straße zu vergegenwärtigt in den blauen, mit silbernen Tressen gar⸗ nierten Bespannungen und den silberbeschlagenen Zedernholzmöbeln eine bevorzugte Farbenstimmung in Friedrichs Gemächern. Das üppige Bett in dem durch eine Barriere mit silbernen Putten abgetrennten Schlafraum ist eine Zutat aus der letzten kaiserlichen Zeit, und zwar eine höchst unglückliche. Denn der große König hatte hier hinter einem Büchergestell sein Feldbett an der Wand aufgehängt — wie dies bei⸗ läufig auch Voltaire in seinem kürzlich neugedruckten Pamphlet über seinen Aufenthalt in Potsdam und Berlin schildert —, ein Beitrag zu der anspruchslosen Lebensweise Friedrichs, während der König seine Um⸗ gebung als ein höheres Reich der Kunst doch so glanzvoll ausgestaltete. Den Abschluß bildet das Konfidenztafelzimmer mit einem versenk⸗ baren Speisetisch und mit Gemälden von van Loo und Lesueur.

Über die Marmorgalerie gelangt man in die Gesellschaftsräume west⸗ lich vom großen Saal, unter denen der anstoßende Saal für die Mar⸗ schallstafel ausgezeichnet ist durch die Verzierung in feuervergoldeter Bronze, die nach einer erhaltenen Zeichnung Nahls erst später aus⸗

geführt wurde (Tafel 39). Über den Kamin die Verbrüderung Friedrich Wilhelms I. und Augusts des Starken in Dresden 1728, von Silvestre gemalt. Die weiteren Zimmer sind später umgestaltet worden, auch die ehemaligen Wohnräume des Soldatenkönigs im Westflügel, wo er seine letzte Leidenszeit mit dem Blick auf den Exerzierplatz im Lustgarten und den Turm der Garnisonkirche verbrachte. Leider ist auch das Theater, das Knobelsdorff am Kopfende des östlichen Flügels am Markt eingerichtet hatte, abgerissen worden. Es war eine echt barocke Raumschöpfung mit Karyatiden als Trägern der Logenbrüstung von Nahl, in dem Theater des Neuen Palais als eine ziemlich genaue Wiederholung erhalten.

Nur wenige Worte über die Umgestaltung der Umgebung des Stadtschlosses durch Knobelsdorff. Den Lustgarten legte er neu an mit Heckengängen, Lauben, Statuen und Fontänen, doch hat sich davon nur die Brüstung an der Havel und das Bassin in der Mittelachse des Schlosses mit der steinernen, ursprünglich bleigegossenen Neptunsgruppe von Nahl nebst einer Reihe von marmornen Statuen von Glume und anderen am Rande des kleinen Wäldchens gerettet. An der langen Brücke schloß Knobelsdorff den Lustgarten durch eine Kolonnade aus schlanken, zu zweien und dreien gekuppelten korinthischen Säulen mit Vasen und Putten auf der Balustrade ab (vgl. Tafel 34) und ebenso den Raum zwischen dem Schloß und dem Marstall. Nach Westen begrenzte er den Lustgarten durch eine ehemals bemalte Mauer mit Puttengruppen, dahinter eröffnet sich der Blick auf die von Knobelsdorff erbauten Kopfgebäude der Breitenstraße mit dem herrlichen Turm der Garnisonskirche und als ferner Point de Vue ein von Knobelsdorff entworfenes Stadttor mit Obelisken. Die lange Front des Marstalls der von Nering in strengen Formen erbauten Orangerie erhielt durch die Gliederung der beiden Risalite mit dorischen rustiken Pilastern und die feurig bewegten Pferdebändigergruppen Glumes auf der Attika eine der Umgebung angepaßte Gestalt (Tafel 40). Zum Gelingen dieser ganzen Schöpfung trug bei, daß Knobelsdorff über eine Reihe vorzüglicher dekorativer Bildhauer verfügen konnte, die durch die Kapitelle, Gesimse, durch die Scharen bewegter Götter und Musenstatuen auf den Dachgesimsen, auf und zwischen den Kolonnaden und im Garten die strengen Maße und Linien mit Leben beseelten. Neben dem jüngeren Nahl und dem jüngeren Glume, deren Väter beide Schlüters Schüler gewesen waren, sind noch Ebenhecht und Benkert zu nennen.

Durch den Weltruhm, den Friedrichs zweite Potsdamer Schöpfung, Sanssouci, errungen hat, ist das Potsdamer Stadtschloß mit seinen Innenräumen und seiner Umgebung leider zu sehr in den Schatten gestellt worden.

Allerdings berührt in Sanssouci der Zauber der menschlichen Persönlichkeit des großen Königs viel unmittelbarer, trotz der mannigfaltigen Eingriffe, die die nachfolgenden Könige in wohlmeinender Absicht vorgenommen.

Eine eigene Idee des Königs, zu der die Skizze von seiner Hand erhalten ist, ist die Lage des langgestreckten einstöckigen Schlößchens auf dem Rücken des Hügels mit einer vorgelagerten Terrasse und sechs stufenweise den Abhang des Hügels abtreppenden Terrassen mit einem Bassin am Fuße (Tafel 41). Beiderseits der Terrassen sanft ansteigende bewaldete Böschungen. Auch der Grundgedanke des Schlößchens mit dem kuppelbekrönten, herausgebauchten Mittelsaal und den beiden kreisrunden Kabinetten an den Flügeln, ja die Besetzung der Vorderfront mit Paaren gebälktragender Wald- und Gartengötter ist eine eigene Idee des Königs (Tafel 42). In dieser „Vigne“, in diesem Sommersitz auf der Höhe über den mit Weinreben und edlen Obstsorten, die der König über alles liebte, bepflanzten Abhängen sollte die Architektur, der strengen Fesseln ledig, durch das freie Spiel der Plastik ein heiteres Gepräge tragen. Die durch korinthische Säulen und Pilaster gegliederte Rückfassade bringt wieder Knobelsdorffs Richtung auf Unterordnung der malerisch-plastischen Motive unter das strenge Maß zur Geltung (Tafel 43). Gerade diese Fassade bezeugt neben der des Charlottenburger neuen Schlosses die unmittelbare Anregung, die Knobelsdorff von Mansart, Blondel d. J. und Briseux empfangen hat. Knobelsdorffs Meisterhand offenbart sich wieder in der schlanken, mit Vasen und Puttengruppen besetzten korinthischen Doppelkolonnade, die die Rückseite im Halbkreis umrahmt. In der Mitte öffnet sie sich und umrahmt den Blick in den hinteren Teil des Parks mit einer römischen Ruine auf dem Hügel im Hintergrunde. Die Ruine, mit einem für die mißlungene Wasserleitung bestimmten großen Bassin in der

Art eines Amphitheaters, ist nach Knobelsdorffs und Bellavitas, des Theaterdekorateurs, Entwürfen erbaut und ein Zeugnis für die schon angedeutete barocke Auffassung römischer Ruinen, über die uns Knobelsdorffs Skizzenbücher von der römischen Reise aufklären. Die Grundrißanordnung des Schlößchens steht unter der Einwirkung der französischen Schule, wie sie sich in dem wenige Jahre früher erschienenen einflußreichen Werke des jüngeren Blondel „Maisons de Plaisance" ausspricht. Die Mitte wird eingenommen von einem viereckigen, in den Ecken abgerundeten Vestibül nach dem Hofe zu und dahinter dem ovalen Saal, der nach vorne zu die halbrunde Ausbuchtung der Fassade bildet. Auf beiden Seiten eine Flucht von Zimmern mit durchgehender Enfilade der Türen, mit runden Kabinetten auf den Ecken, alle Räume durch halbbogig geschlossene Türen zur Terrasse zugänglich, dahinter eine Flucht kleinerer Zimmer und Galerien, die sogenannten Degagements. Es sind die Lehren der „Commodité" und „Bienséance", die das Louisquinze mit denen der „Ordonnance" des Louisquatorze verknüpfte. Rechts vom großen Saal liegen die Gemächer des Königs und links die Gäste- und Gesellschaftszimmer. Knobelsdorffs Raumkunst betätigt sich noch einmal glänzend in dem ovalen Mittelsaal mit korinthischen Doppelsäulen aus weißem Marmor und einer mit zierlichen Kassetten, Gold auf Weiß belebten Kuppel (Tafel 44). Friedrich führt diesen Saal ausdrücklich in seiner Lobrede auf Knobelsdorff nach des Künstlers Tod an, mit der Bemerkung, er sei nach dem Vorbilde des Pantheon geschaffen. Aber mit diesem Raum der römischen Kaiserzeit hat der durch Menzels „Tafelrunde" so berühmt gewordene Saal des friderizianischen Rokokos natürlich im Grunde ebensowenig gemein, wie die Marmorfiguren des Apoll und der Venus von Adams Hand in den Nischen mit römischen Götterstatuen! Als der berühmteste von den übrigen Räumen ist die zedernholzvertäfelte, mit feuervergoldeter Bronze dekorierte runde Bibliothek des „Philosophen von Sanssouci" allbekannt. Das anstoßende Schlaf- und Arbeitszimmer ist nach dem Tode des Königs von Erdmannsdorff leider völlig umgestaltet worden — allerdings waren die Seidentapeten und die Hoppenhauptschen Schnitzereien in arg verwahrlostem Zustande. Von bester Erhaltung ist das anstoßende Konzertzimmer mit vergoldeten Schnitzereien auf weißem Grunde und

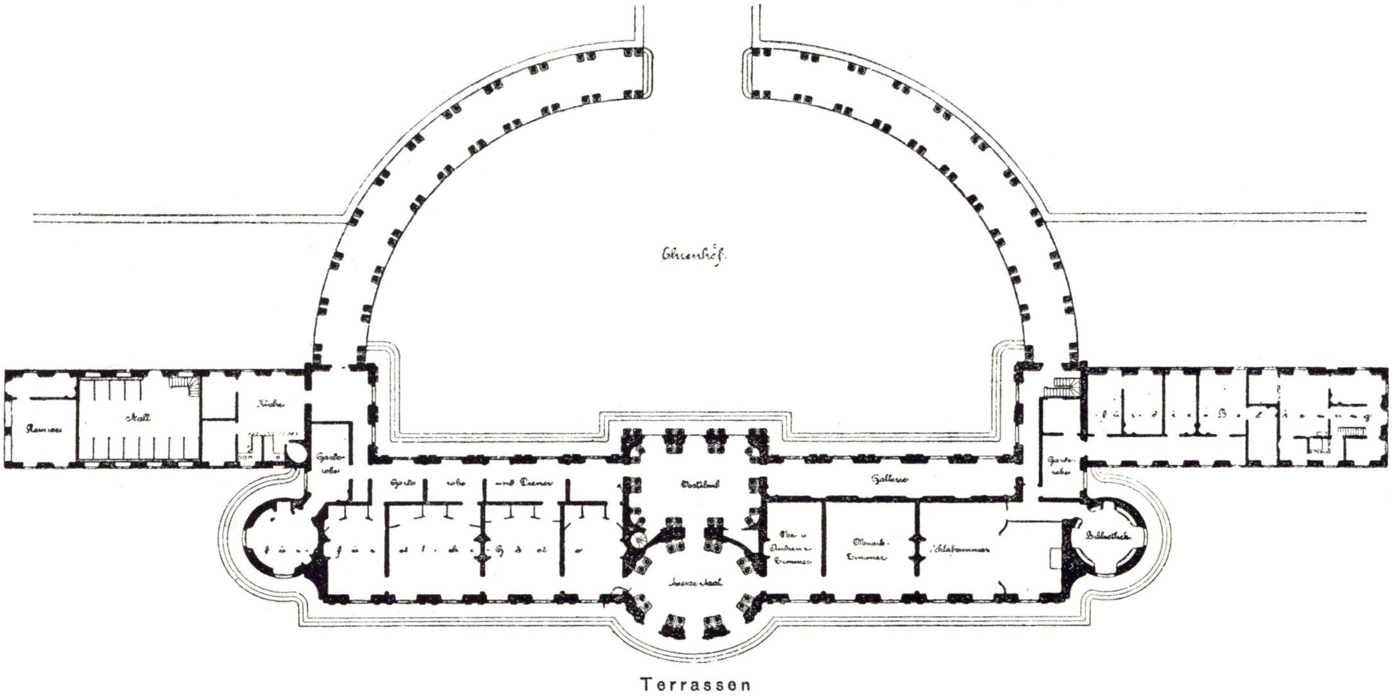

Abb. 4. Sanssouci, Grundriß des Erdgeschosses (nach Geyer)

mythologischen Gemälden Antoine Pesnes zwischen schmalen Spiegeln. Unter dem Gesichtspunkte des Zusammenklanges von Dekoration und Raumverhältnissen verdient den Preis die schmale, auf der Rückseite von der Bibliothek zum Vestibül führende enge Galerie, die zwischen den Fenstern mit Porzellanen auf vergoldeten Weinreben und deren Rückwand mit Bildern Watteaus und Lancrets in den alten, verschnörkelten Goldrahmen geschmückt ist. Eines der Zeugnisse dafür, wie der König die Bilder der französischen Schule direkt als Schmuck für seine Gemächer gesammelt hat. Übersandte er doch seinen Agenten in Paris Zeichnungen mit den Maßen der Räume, um darnach die Bilder auszusuchen. Unter den Gesellschaftszimmern links vom großen Saal ist das sogenannte Voltairezimmer mit den naturalistisch geschnitzten und gemalten Blumen, Früchten, Vögeln und Affen das am besten erhaltene. Alle Räume sind durch Kamine aus farbigem Marmor mit Rocaillen, Früchten und lächelnden Mädchenköpfen mit schlanken Spiegeln darüber besetzt. Über den Türen sind Landschaften und Stilleben von Schülern Pesnes in bewegten, von Weinreben und Blumen durchsetzten Goldrahmen. Der wichtigste Dekorateur war der ältere Hoppenhaupt — Johann August Nahl hat leider im Jahre 1746 den Dienst des Königs nach einem Zerwürfnis fluchtartig verlassen. Wie die Steinhauerarbeit des Äußeren, an der sich Glume und Ebenhecht beteiligten, so durchzieht auch die geschnitzte und stuckierte Dekoration im Inneren als ein Leitmotiv der Schmuck von Weinreben und Gartenfrüchten, Gärtner-, Musik- und Theatergeräten, um den poetischen Gedanken des den Musen geweihten Gartensitzes auszudrücken. Die beim Bau des Stadtschlosses zwischen Friedrich und Knobelsdorff eingetretenen Meinungsverschiedenheiten verschärften sich bei dem Bau von Sanssouci und haben schließlich eine fast völlige Entfremdung herbeigeführt. An dieser Stelle müssen wir auf die Darstellung dieser Vorgänge Verzicht tun. Der Gegensatz zwischen dem genialen Knobelsdorff und dem nüchternen bauausführenden Architekten Boumann hat dieses Zerwürfnis gefördert.

Den Gebäuden im Parke sei nur ein kurzer Blick gegönnt. Links und rechts vom Schlößchen, durch die ansteigenden Waldstreifen getrennt, erheben sich auf etwas niedrigeren Hügelabsätzen zwei langgestreckte Gebäude, zur Rechten die von Dietrichs, dem Mitarbeiter Knobelsdorffs in Sanssouci, erbaute Bildergalerie und zur Linken ein Orangerie-Kavaliersgebäude mit den später eingebauten „neuen Kammern". Die Bildergalerie ist ein langgestreckter, in der Mitte von einem Kuppelraum durchschnittener Saal mit reichstuckierter und vergoldeter flachgewölbter Decke und den teilweise ursprünglichen Bildern auf der Rückwand sowie antiken und barocken Marmorbildern an der Fensterwand. Vor der Galerie erstreckt sich ein Garten im französischen Stil abwärts, vorne durch eine Marmorbalustrade mit Puttengruppen begrenzt. Der ebene Teil des Parks am Fuße des Hügels wird von einer Hauptallee durchschnitten. Den Eingang nach der Stadt flankiert ein viersäuliges, schlankes Portal nach dem Vorbilde des Rheinsberger Gartenportals, vier schlanke korinthische Säulen mit Blumenvasen auf hohen, ausladenden Gebälkstücken (Tafel 45), auf dem halbrunden Platz davor ein Obelisk im ägyptischen Stile nach der Vorstellung des Rokokos. Die Mitte der Allee nimmt das große Rondell vor den Terrassen ein, die runde Fontäne ist umstellt mit acht Marmorbildwerken des älteren und des jüngeren Adam und des Pigalle, einige darunter zu den Glanzstücken der französischen Bildnerei des Rokokos zählend. Vier kleinere, statuenbesetzte und heckenumfaßte Rondelle durchschneidet die Hauptalle beiderseits des Hauptrondells. Den westlichen Abschluß — als Gegenstück zum Portal — bildete eine runde Kolonnade mit Fontänen, barockem Grotten- und Muschelwerk, eine der letzten Schöpfungen Knobelsdorffs, die noch einmal das Natur- und Waldgefühl des Barocks und Rokokos zum Ausdrucke brachte. Leider im Ausgang des 18. Jahrhunderts zerstört. Einen Ersatz dafür gibt die Neptunsgrotte rechts vom Eingangsportal, die in ähnlicher Weise barocke Architektur aus farbig geflecktem Marmor mit Grotten- und Muschelwerk vereinigt.

Nach Knobelsdorffs Tode (1753) entstand das chinesische Haus im Rehgarten zur Linken, ein runder Bau mit Palmensäulen und Chinesengruppen, mit grün und rosa gefärbten Wänden und einem chinesischen Sonnengötzen auf dem grünoxydierten Dach, ehemals mit Glöckchen behangen, die beim Spiel des Windes erklangen. Früher lag das Häuschen in einem kleinen See. Ein Mittelsaal mit Porzellanen auf Rocaillekonsolen und mit Deckengemälde von Harper und drei ovale Kabinette dienten dem Könige zuweilen zum Aufenthalte, wenn er von den

Staatsgeschäften in der heiteren Chinesenwelt des Rokokos Erholung suchte. Den Bau hat Büring nach einem französischen Kupferstich ausgeführt — 1755 —, ein Jahr vor dem Ausbruch des Siebenjährigen Krieges, der die Arbeiten in den Schlössern zum Stillstande brachte und der schönsten Zeit des friderizianischen Rokokos ein Ende machte.

In die Jahre vor dem Siebenjährigen Kriege fällt auch der Beginn des umfangreichen Palais des Prinzen Heinrich am Opernhausplatz in Berlin, der heutigen Universität (Tafel 46). Der Bau, der in den letzten Jahren auf der Rückseite durch zwei Flügel vergrößert worden ist, ist von dem älteren Boumann ausgeführt, doch hat er so starke Anklänge an Knobelsdorffs Stil, daß die Annahme viel für sich hat, Boumann habe sich dabei Knobelsdorffscher Ideen oder Skizzen bedient.

Ein Rokokobau aus der Zeit vor dem Siebenjährigen Krieg ist ferner noch das „Niederländische Palais" neben dem Palais des alten Kaisers Wilhelm Unter den Linden, erbaut im Jahre 1753 von Andreas Krüger für den Kriegsrat Schmidt. Die zierliche, durch Rocaille- und Puttenschmuck über den Fenstern und an den Ecken ausgezeichnete Fassade trägt das Gepräge eines vornehmen Bürgerhauses dieser Zeit; dem dreiachsigen, schwach vorspringenden Mittelrisalit ist 1777 eine Säulenvorhalle vorgelegt worden. Seinen Namen trägt das Palais nach dem Schwiegersohne Friedrich Wilhelms II., dem nachmaligen König Wilhelm der Niederlande, der es 1803 erwarb. Es befindet sich heute im Besitze des ehemaligen Königshauses.

Eine Reihe von Räumen im Rokokostil aus dieser Zeit — sie gehören zu der von Hildebrand 1754 vorgenommenen Ausstattung — birgt das Schloß Monbijou, darunter die von Paul Seidel mit Porzellan vorbildlich neu ausgestattete Porzellangalerie und eine Reihe von Räumen, die mit Möbeln und persönlichen Erinnerungen des Großen Königs besetzt sind.

DIE SCHLOSSBAUTEN FRIEDRICHS DES GROSSEN NACH DEM SIEBENJÄHRIGEN KRIEGE

NEUES PALAIS / NEUE KAMMERN / UMBAU IN RHEINSBERG / SCHLOSS BELLEVUE USW. – GONTARD UND UNGER

Die Schloßbauten Friedrichs des Großen nach dem Siebenjährigen Kriege können in dieser Darstellung kürzer gefaßt werden, da ihnen eine so überragende Stellung in der Geschichte der deutschen Baukunst wie den Schöpfungen Knobelsdorffs vor dem Siebenjährigen Kriege nicht zukommt. Erstaunlich ihrem Umfange nach erscheint allerdings die Bautätigkeit, die der große König nach den furchtbaren Jahren des Siebenjährigen Krieges in Berlin und Potsdam, in dem Lande überhaupt entwickelt hat. Auch auf dem Gebiete des Schloßbaues stehen die bald in Angriff genommenen Unternehmungen an Ausdehnung hinter denen vor dem Kriege nicht zurück.

Ein Jahr nach dem Hubertusburger Frieden begann der König das „Neue Palais“ mit den „Kommuns“ bei Potsdam, eine Baugruppe, die dem Berliner Residenzschloß an Umfang und Masse gleichkommt. Das Riesengebäude des Neuen Palais mit seinen mächtigen weißen Pilastern vor roten Wänden, den Scharen von Statuen auf der Attika und der schweren grünen Kupferkuppel, am Ende der Hauptallee von Sanssouci vor einem weiten halbrunden Rasenplatz aufsteigend, ist zweifellos die stattlichste unter Friedrichs Schöpfungen. Der Eindruck steigert sich noch auf der Vorderseite, wo der Bau mit zwei vorspringenden Flügeln einen Cour d'honneur, einen Ehrenhof, bildet, und gegenüber die beiden Säulentempel der Kommuns auf hohen gefugten Doppelgeschossen mit geschwungenen Freitreppen aufsteigen, verbunden durch eine im Halbbogen geführte jonische Kolonnade, die in der Mitte — in der Mittelachse des Schlosses — durch einen Triumphbogen den Blick weit hinunter bis in die Wiesen von Golm und Eiche eröffnet (Tafel 47). Auf den anderen Seiten abgeschlossen durch niedrige Nebengebäude und eiserne Gitter, stellt der langrechteckige Schloßplatz, die „Mopke“ genannt, eine der großartigsten Schöpfungen unter

den Platzanlagen des 18. Jahrhunderts dar. An den Hauptbau des
Schlosses setzen sich zwei niedrige pavillonartige Flügel, deren süd⸗
licher die Wohnung Friedrichs enthält. Man muß sich vergegenwärti⸗
gen, daß der alternde und der Geselligkeit immer mehr abgeneigte
König dieses Riesenschloß mit seinen Hunderten von Sälen und Ge⸗
mächern, mit seinen Gesellschafts⸗, Kavaliers⸗, Wach⸗ und Diener⸗
gebäuden schuf, um doch selbst nur wenige Gemächer für sich zu be⸗
nützen. Die Repräsentation seiner durch den Krieg behaupteten, ja
gesteigerten königlichen Macht, verbunden mit dem Ziel, das darnieder⸗
liegende Bau⸗ und Kunsthandwerk zu beschäftigen, haben den Umfang
dieser Neuanlage so weit gesteckt — ein Beweis übrigens, wie sehr
Friedrich auch in seiner späteren Zeit noch in den Anschauungen
des Zeitalters Ludwigs XIV. gelebt hat.
Zum Bau des Schlosses selbst hat der König eine Idee verwendet, die
ihm vor dem Kriege bereits auf einer Reise in Holland begegnet war.
Daher die gleichmäßige Pilastergliederung aus Sandstein mit Rück⸗
lagen aus rotem Backstein, d. h. in der Hauptsache mit rotgestriche⸗
nem Mauerwerk. Ausgeführt wurde der Bau von Büring, dem sich
später Karl von Gontard hinzugesellte. Bei näherer Betrachtung gewinnt
man den Eindruck einer nicht in dem Maße beherrschenden Bau⸗
leitung, wie an Knobelsdorffs Schlössern. Die Glieder und Profile sind
stellenweise schwerfällig gebildet, und namentlich die plumpen Engels⸗
köpfe über den Ochsenaugen im Mezzanin und die gleichförmigen
Reihen von Statuen rings um den Bau und auf der Attika lassen
erkennen, daß hier mehr die Vorliebe des Königs maßgebend gewesen
ist. Sein Eigenwille hat damals den Baumeistern schwere Stunden be⸗
reitet. Sowohl Büring, der 1766 den Dienst verließ, wie Manger, der
ihm als Ausführender folgte, und selbst der ausgezeichnete Karl von
Gontard gerieten mit dem König in Konflikte, wobei dieser vor Inhaft⸗
setzung seiner Hofbaumeister nicht zurückschreckte. Die Kommuns
(Tafel 48) sind von dem französischen Architekten Legeay entworfen,
dem Erbauer der katholischen Hedwigskirche in Berlin, der bereits
1763 Berlin verließ. Mit den pathetischen Säulenfassaden und obelisken⸗
artigen Bekrönungen sind sie echte Zeugnisse des französischen Neu⸗
klassizismus, dessen größter Vertreter Soufflot, der Erbauer des Pan⸗
theons in Paris, war und zu dessen Schülern auch der 1764 von Bayreuth

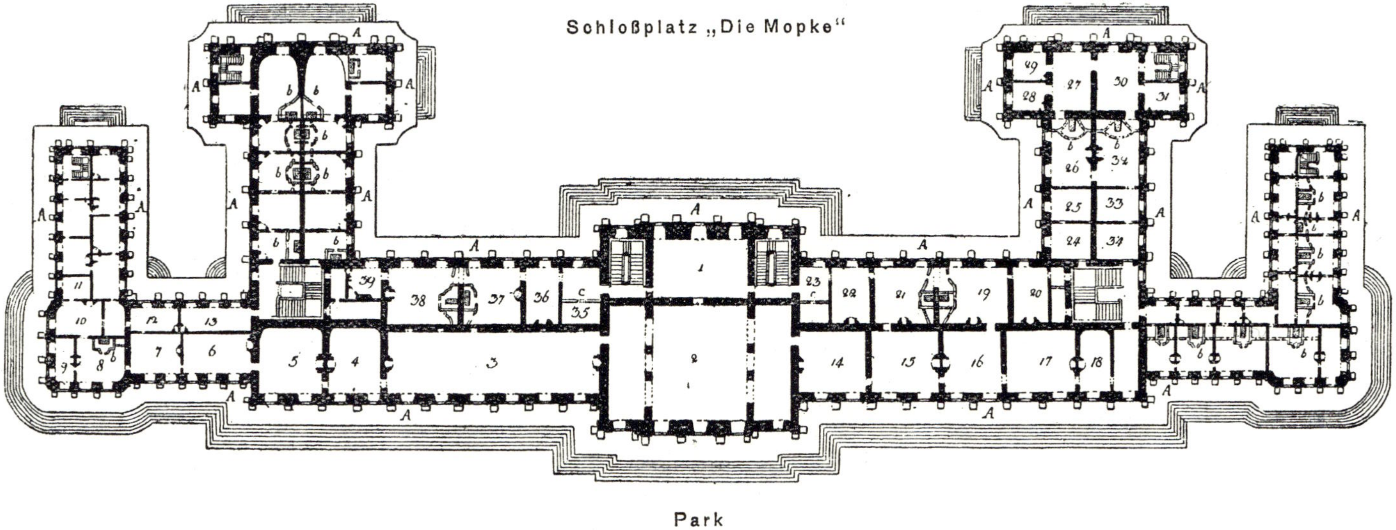

Abb. 5. Potsdam, Neues Palais, Grundriß des Erdgeschosses (nach Nicolai)

1 Unteres Vestibül
2 Der Grottensaal
3 Die Marmorgalerie
4 Die Blaue Kammer, erstes Vorzimmer zur Wohnung Friedrichs des Großen
5 Die fleischfarbene Kammer, zweites Vorzimmer
6 Konzertzimmer Friedrichs des Großen
7 Arbeitszimmer des Königs
8 Schlafzimmer des Königs
9 Schreibkabinett des Königs
10 Kleines Speisezimmer
11 Bibliothek

berufene Gontard zählte. Gontard hat die schöne korinthische Kolon-nade zwischen den Kommuns erbaut, deren Vergleich mit den Kolon-naden Knobelsdorffs einen lehrreichen Einblick in die Wandlung des Geschmacks von der sprühenden Auffassung des früheren Rokokos zum gesetzteren Empfinden des beginnenden Klassizismus gewährt (Tafel 49). Auch die gleichmäßige Reihung der durchgehenden Pilaster, die durch schwach vortretende Risalite kaum gegliederten Fronten des Schlosses selbst unterscheiden sich wesentlich von der geistvollen Gruppierung, den Säulen- und Pilasterstellungen, die den Knobelsdorffschen Fassaden ihre Akzente geben. Die Überladung mit Schmuck kann darüber nicht hinwegtäuschen, daß die plastische Kraft, diesen Schmuck der Steige-rung des organischen Lebens des Bauwerks dienstbar zu machen, schwächer geworden ist.

Im Inneren wird der Mittelrisalit eingenommen von einem engen Vesti-bül nach dem Ehrenhof und einem mit Muscheln und Steinen teilweise erst in neuerer Zeit ausgestatteten Grottensaal im Erdgeschoß, darüber im Obergeschoß von einem riesigen Festsaal. An diese Mittelgruppe schließen sich beiderseits im Erdgeschoß und im Obergeschoß die Fluchten von Prunkräumen, unmittelbar anstoßend an die Mittelsäle lange Galerien. Die Türen liegen zum Teil nicht mehr in einer Enfilade, sondern aus der Achse verschoben, weil dem alten König Zugluft zuwider war. Die schönsten Räume sind die davon fast isoliert in dem südlichen niedrigen Anbau gelegenen Wohnräume des Königs, die er in den späteren Jahrzehnten während des Winters bewohnte. Die ge-schnitzten vergoldeten und versilberten Vertäfelungen in diesen Räumen wie auch die Möbel schließen sich ziemlich eng den Dekora-tionen in Sanssouci an. Man sieht, daß der König nach dem Kriege nicht daran dachte, von dem ihm liebgewordenen Geschmack seiner glücklicheren Jahre abzuweichen. Die Entwürfe gehen teilweise noch auf den älteren Hoppenhaupt zurück. In einigen der anschließenden Gesellschaftszimmer sind sogar Zeichnungen Hoppenhaupts aus der Zeit vor dem Kriege verarbeitet. Unbestreitbar ist die Mehrzahl der Gesellschaftszimmer in ihrer Dekoration stark überladen und ein Zeug-nis für die Erlahmung des Rokokostils. Häufig sind breite, über die Decken weggeschwungene, vergoldete große Rocailleschnörkel, die das Nachlassen des durch Maßverhältnisse gezügelten sprühenden Lebens der Blütezeit des friderizianischen Rokokos nicht verleugnen. Im großen Festsaale des ersten Stockes, der mit rotem und weißem schwedischen Marmor verkleidet und durch mächtige Pilaster gegliedert ist, hält bereits in den von Petrozzi und Sartori gearbeiteten Stuckverzierungen — vor allem mit den Gehängen — das Louisseize seinen Einzug. Auch in die anstoßende, vom jüngeren Hoppenhaupt dekorierte Galerie mit langgezogenen Akanthusblättern als Pilastern, wobei man deutlich wahrnehmen kann, daß der Rokokostil in diesen zuletzt ausgestatteten Räumen — um 1770 — der Auflösung nahe ist (Tafel 50). Im einzelnen hat aber diese Spätzeit des friderizianischen Rokokos manche Bereicherung gebracht. Neben den geschnitzten und seidenen Wandverkleidungen sind einige Kabinette in Lackmalerei von Martin und von Chevalier, dem Vorläufer der berühmten Berliner Lackmalereiwerkstatt von Stobwasser, beachtenswert, dann die mit Schildpatt markettierten und eingelegten, in Silber und feuervergoldeter Bronze gefaßten Kommoden, Schreibtische, Konsoltische und Standuhren von Melchior Kambly, Spindler und anderen Einlegekünstlern und Kunsttischlern, die der König berufen hat, um nach dem Vorbilde der Pariser eingelegten und bronzemontierten Möbel in der Art des Boulle, Caffieri, Cressent und Oeben Möbelausstattungen für seine Gemächer zu schaffen. Das erfreulichste Moment sind aber die Schöpfungen der Berliner Porzellanmanufaktur, die, von dem Könige nach dem Siebenjährigen Kriege übernommen, bei der Ausstattung des Neuen Palais ihre erste glänzende Probe abgelegt hatten. Nicht nur Vasen und Figuren für Kamine, Konsolen und Kronleuchter, sondern ein ganzes, aus mehreren hundert Stücken bestehendes Speiseservice, das berühmte „Neue Palaisservice", ist dafür entstanden; die feinen Spalier- und Rankenmuster der Ränder und die zarten Blumenmalereien in den Spiegeln der Schüsseln und Teller dieses Services zeigen noch den Rokokogeschmack in voller Frische, wahrscheinlich liegen ihnen Entwürfe des jüngeren Hoppenhaupt zugrunde.

Unmittelbar auf die Ausstattung des Neuen Palais folgt die von dem Bauinspektor Unger 1774—1775 durchgeführte Ausstattung der „Neuen Kammern" in der langgestreckten Orangerie aus Knobelsdorffs Zeit, links von Sanssouci. Auch hier sind erst vereinzelt die Formen des frühen Louisseizestils zum Siege gelangt. Bemerkenswert ist die

Verkleidung einer Reihe von Räumen mit verschiedenfarbigem Marmor, meist schlesischer Herkunft, aus dem ebenfalls eine Reihe von Tischplatten und Fußböden gearbeitet sind. Melchior Kambly und die Gebrüder Calame haben daran den Hauptanteil, während Sartori und Merk die Stuckarbeiten der meisten Decken ausgeführt haben. Auch die Berliner Manufaktur hat im ersten Saale mitgewirkt, indem sie eine Reihe von Vasen auf Konsolen für die gelben Stuckmarmorwände geliefert hat, Gefäßformen und die gemalten Köpfe römischer Kaiser den Sieg des Louisseizestils verkündend. Dieser Saal enthält in den Nischen vier Marmorstatuen des Hofbildhauers Tassaert, der für den Übergang vom Spätrokoko zum Louisseize schon als Lehrer Gottfried Schadows so wichtig ist. Endlich bietet sich hier wie im Neuen Palais Gelegenheit, das letzte Stadium der friderizianischen Malerei kennenzulernen in den Gemälden von Frisch, Baron, Meyer und Terbusch.
Eine bevorzugte Gattung für Gemälde auf den Vertäfelungen und Supraporten sind Ansichten der Schlösser und anderen Gebäude von Berlin und Potsdam, worin namentlich Fechhelm und Meyer sich auszeichnen. Übrigens hat der große König in der zweiten Hälfte seiner Regierung dem inzwischen auch in der französischen Malerei durchgedrungenen klassizistischen Geschmack bei der Auswahl der Gemälde für das Neue Palais gehuldigt. Dafür ist der beste Beweis der große Marmorsaal mit riesigen mythologischen Gemälden von Carle van Loo, Piere und Restout und einem von Rhode vollendeten Gemälde Pesnes. Rhode tritt im Neuen Palais zuerst als Deckenmaler auf.
Aus der Umgebung des Neuen Palais und dem Park, der als Fortsetzung des Parkes von Sanssouci zugleich mit dem Schloß entstand, verdienen von Gebäuden genannt zu werden: die beiden Wachen an den Eingängen der „Mopke", ferner links und rechts von dem Halbrund der Freundschaftstempel zur Erinnerung an Wilhelmine von Bayreuth, ein Rundbau mit korinthischen Säulen, das Antikenkabinett, ebenfalls ein Rundbau mit kleinem Anbau, worin der König seine Münzsammlung und die Antiken der Sammlung Polignac aufgestellt hatte, jetzt Mausoleum der letzten Kaiserin. Diese Bauten sind von Gontard. Auf dem Hügelrücken in der Fortsetzung von Sanssouci erbaute Unger das Belvedere, einen zweigeschossigen ovalen Bau, von schlanken Säulenstellungen ummantelt (Tafel 51). Von hier genießt

man einen weiten Blick über den Park mit der von Götterscharen belebten Attika des Neuen Palais mit den Havelbergen im Hintergrunde. Früher als der große König hat sein Bruder Prinz Heinrich — in vielen Punkten im Gegensatze zum Könige stehend — dem neuen Geschmacke des Louisseize in seinen Schlössern und Gärten Eingang gewährt. Der Prinz hat in Rheinsberg seit dem Jahre 1764 den größten Teil der Rokokoräume im frühklassizistischen Stil umgestaltet. Eine Reihe dieser Räume ist noch erhalten. Der bemerkenswerteste ist ein mit Rundmedaillons und vergoldeten Stuckornamenten ausgeschmückter Saal von 1769, eine Frühарbeit des in Breslau tätigen Karl Gotthard Langhans (Tafel 52). Das Theater mit dorischer Tempelfassade hat einen halbkreisförmigen Zuschauerraum mit Logen zwischen Säulen, in Holz und Malerei auf Leinwand, leider dem Verfalle zueilend. Den Park hat der Prinz im neuenglischen Stil umgeändert und dabei eine Reihe von Bauten aufgeführt, welche die sentimentale Stimmung der Haine und düsteren Waldgruppen erhöhen sollte, darunter einen Obelisken mit dem Namen seiner Kriegsgenossen und eine als Ruine gebildete Pyramide, in der der Prinz seine letzte Ruhestätte fand.

Der zweite Bruder Friedrichs, Prinz Ferdinand, begann im vorletzten Jahre des Königs, 1785, das große Schloß Bellevue im Tiergarten bei Berlin, unmittelbar neben dem Landhause, das sich hier Knobelsdorff 50 Jahre früher errichtet hatte. Leider hat das Schloß seine alte ockergelbe Putzfarbe vor zwei Jahrzehnten durch einen grauen Anstrich verloren, wie die meisten Berliner Schloßbauten des 18. Jahrhunderts. Der Aufbau und die Gliederung des langgestreckten Gebäudes ist beeinflußt von dem Schloß in Wörlitz bei Dessau, das bereits um 1770 von Erdmannsdorff als das erste Denkmal des klassizistischen Geschmacks in Norddeutschland errichtet worden war. Der große ovale Mittelsaal ist von Langhans um 1790 angelegt. Der hinter dem Schlosse zwischen dem großen Stern und der Spree sich ausbreitende Park mit weiten Wiesenflächen und Laubpartien, besonders von Eichen und Buchen, gehört zu den schönsten und frühesten Schöpfungen des englischen Gartenstils in der Mark. Die ehemals zahlreichen antikisierenden und gotisierenden Gebäude und Denkmäler sind bis auf wenige verschwunden, unter denen die erst im Jahre 1800 entstandene kleine Meierei der Prinzessin Luise von Friedrich Gilly Beachtung verdient.

DIE SCHLÖSSER FRIEDRICH WILHELMS II. UND DER FRÜHZEIT FRIEDRICH WILHELMS III.

KÖNIGSKAMMERN / MARMORPALAIS / PFAUENINSEL / BAUTEN IN CHARLOTTENBURG / FREIENWALDE / PARETZ USW. – KARL GOTTHARD LANGHANS / DAVID GILLY / GENTZ UND CATEL

Erst unsere Generation hat die Bautätigkeit des Nachfolgers und Neffen des großen Königs, Friedrich Wilhelms II. (1786—1797), in ihrer Bedeutung erkannt. Ja, die Schloßbauten dieses politisch und menschlich seinem Oheim so sehr nachstehenden Preußenkönigs erfreuen sich gegenwärtig einer größeren Schätzung bei der Künstlerschaft, als die Schöpfungen des großen Königs aus seiner späteren Zeit. In diesen scheint oft, einer eigensinnigen Vorliebe des alten Fritz zufolge, eine Überladung mit plastischem Schmuck, eine selbst theatralische Verwendung großer Säulenstellungen den tektonischen Gehalt der Bauten zu überwuchern — um nur die von Gontard erbauten Kuppelkirchen auf dem Gendarmenmarkt und die von Unger nach Fischer von Erlach kopierte alte Berliner Bibliothek zu nennen. Noch in den Anfang der Regierungszeit des neuen Königs ragen die Zeugnisse des friderizianischen Stils hinein, wofür die für die Königin 1789 nach Ungers Zeichnung von Scheffler ausgeführten Vordergebäude von Monbijou ein Beispiel sind. Gontards und Ungers Fassaden dieser letzten Epoche ist die reiche Verwendung von Louisseizemotiven, von Pilastern, von Tuchgehängen, plastischen Tafeln und Konsolen eigentümlich. Auch haben sie bis zuletzt eine Vorliebe für reichen Figurenschmuck auf der Attika. In Monbijou haben Bettkober, Bardou, der jüngere Meyer, Melzer und andere Vorläufer Schadows sich in den Figurenschmuck geteilt — ähnlich wie an den Königskolonnaden Gontards — jetzt im Kleistpark — und an so manchen der damals vom König erbauten Brücken über die Stadtgräben.

Der frühklassizistische Stil, der mit Friedrich Wilhelm II. in die preußische Schloßarchitektur einzieht, stellt doch einen Gegensatz zu dem dekorativen Louisseizestil dar, der in der Spätzeit Friedrichs des Großen fast gegen den Willen des alten Königs eingedrungen war.

Unzweifelhaft kommt in den Schöpfungen des neuen Königs ein neues Wollen zum Ausdrucke. Der frühklassizistische Stil in der deutschen Baukunst des ausgehenden 18. Jahrhunderts hat in Berlin eine künstlerische Kraft entwickelt, die alle übrigen deutschen Kulturmittelpunkte übertroffen hat. Umstände geschichtlicher und geistiger Art haben Berlin damals zum Mittelpunkte der künstlerischen Energie im deutschen Bauwesen gemacht. Das von Friedrich Wilhelm II. errichtete Brandenburgertor steht unter den Denkmälern des Frühklassizismus überhaupt mit an der Spitze. Um dieses wundervolle Bauwerk gruppieren sich eine Reihe ausgezeichneter weiterer Schöpfungen Friedrich Wilhelms II. Ein besonderes Glück für uns ist der unvergleichliche Reichtum an wohlerhaltenen Zeugnissen der Innenausstattung in den Schlössern aus den Jahren von der Thronbesteigung Friedrich Wilhelms II. bis zum Ausbruche des Krieges 1806. Der Bruch mit der Vergangenheit ist selten so rücksichtslos gewesen, wie in der Umwandlung des Schlaf- und Arbeitszimmers, des Sterbegemachs Friedrichs des Großen in Sanssouci, die der neue König bald nach dem Tode seines Oheims durch den aus Dessau berufenen Freiherrn von Erdmannsdorff vornehmen ließ. Erdmannsdorff, der Schöpfer des Schlosses Wörlitz, kam als der Bahnbrecher eines reinen Geschmacks, als der Überwinder des Rokokostils, und hier in Sanssouci scheint er durch radikale Umänderung der von Hoppenhaupt so glanzvoll ausgestatteten beiden Rokokogemächer im strengsten pompejanischen Geschmack mit besonderem Nachdrucke haben zeigen wollen: wie die edle Einfalt der Griechen dem tändelnden Rokokozeitalter ein Ende gemacht habe. Aber mit diesen kühlen Formen ist der lebenssprühende Geist des großen Königs aus seinem Arbeits- und Schlafzimmer entwichen.

Im Berliner Schloß schuf Erdmannsdorff zusammen mit Karl von Gontard für Friedrich Wilhelm II. in den Jahren 1786—1788 eine Reihe von Gesellschafts- und Wohngemächern, die Königskammern im ersten Stocke nach dem Lustgarten, die zum größeren Teile noch erhalten sind. Von Gontard stammen der Thronsaal mit dunkler Plüschbespannung in reichvergoldeter Schnitzerei mit fast noch barocker Decke und der entzückende Konzertsaal des musikliebenden Königs mit vergoldeter Schnitzerei auf zartgetönten Boiserien im Louisseizestil. Unter Erdmannsdorffs Räumen stehen voran der große Säulensaal mit gelben

Säulen vor silbergrauem Grunde (im Risalit) und der davorgelegene Parolesaal, ebenfalls mit silbergrauen Wänden, beide mit Stuckmarmor verkleidet und mit weißen Stuckreliefs von der Hand des kurz vorher aus Rom zurückgekehrten Gottfried Schadow geschmückt. Eine charakteristische Schöpfung Erdmannsdorffs ist ferner der Speisesaal mit pompejanischen Ornamentmalereien und mythologischen Darstellungen von Rosenberg und Fischer, eine jener gemalten Dekorationen, die Erdmannsdorff nach dem Vorbilde römischer Barockräume zuerst in Wörlitz angewendet hat. Die figürliche Malerei in der Art des Raphael Mengs verbindet sich hier mit Grotesken Raphaels und der Mode gewordenen Ornamente von Herkulanum und Pompeji. In den meisterhaften Stuckverzierungen der Decken und in den Malereien der Decken und Supraporten wie auch in den Marmorkaminen meist römischer Herkunft berühren sich die übrigen ehemals zur Bildergalerie bestimmten seidenbespannten Räume ebenfalls mit Wörlitz. Einige vertäfelte und gemalte Räume der Königin im Schlosse Monbijou sind eng verwandt und teilen sich mit den Königskammern in den ehemaligen Bestand an Möbeln und Ausstattungsstücken, unter denen einige Prachtmöbel David Röntgens aus Neuwied, Mahagoni mit eingelegten Bildern und feuervergoldeten Bronzen, hervorragen.
Auf der gegenüberliegenden Seite des Berliner Schlosses nach dem Schloßplatze zu richtete um 1790 Karl Gotthard Langhans eine Reihe von Räumen für die Königin Ulrike Friederike ein, von denen ein großer ovaler Saal mit eingestellten Säulen aus Stuckmarmor und ein kleinerer mit Reliefs von Schadow und flachen Pilastern noch erhalten sind; sie gehörten mit der Flucht der Räume des ersten Stocks bis zur Spree zur Wohnung des letzten Kaiserpaares. Langhans war im Jahre 1787 nach Berlin berufen worden und hat als Schloßbaudirektor die Mehrzahl der Bauten Friedrich Wilhelms II. geschaffen. Schon früher ist der Künstler aus seiner Heimat Schlesien wiederholt nach Berlin gekommen, um hier einige Säle im neuen Geschmack einzurichten. Vielleicht ist der von dem Prinzen Heinrich in seinem Berliner Palais, der heutigen Universität, um 1765 angeordnete große Saal, die heutige Aula, ein Frühwerk Langhans'. Untergegangen ist der ovale Saal im Palais des Ministers von Zedlitz um 1779, den Nicolai als eines der frühesten Denkmäler des neuen Stils ausführlich beschreibt. Dafür ist erhalten

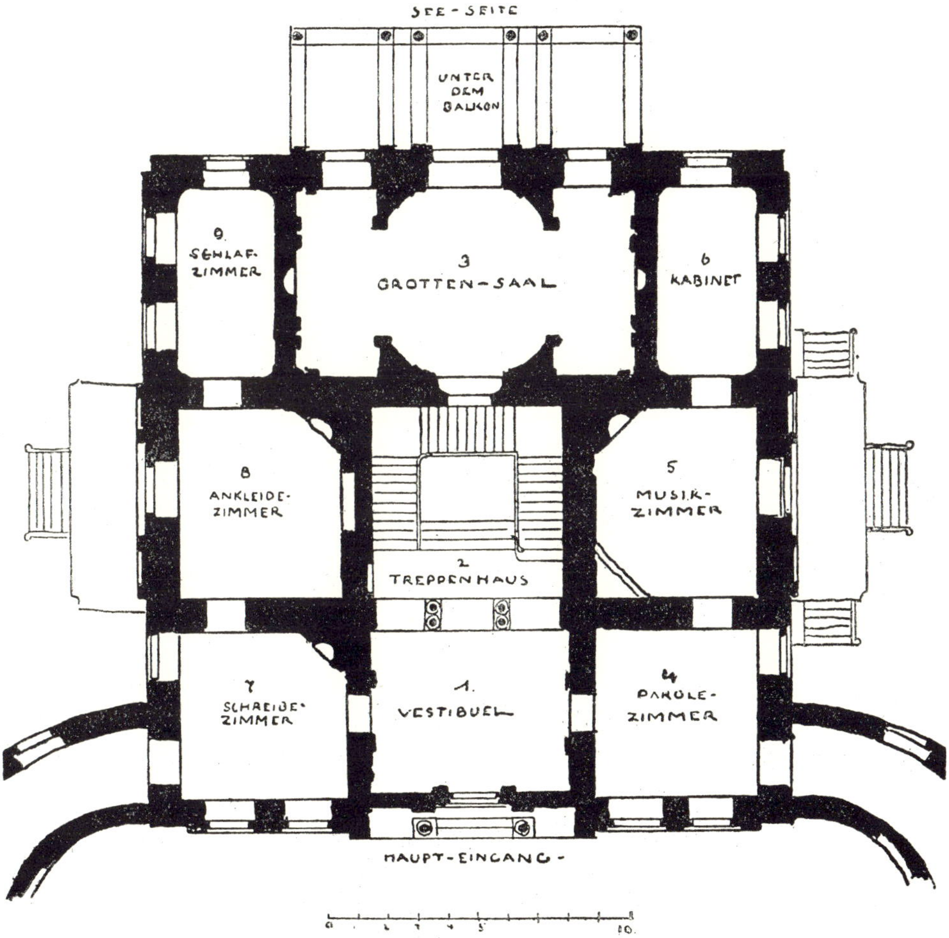

Abb. 6. Potsdam, Marmorpalais, Grundriß des Erdgeschosses ohne die Seitenflügel (nach Schmitz)

der ebenfalls der Frühzeit angehörige herrliche Saal im „niederländischen Palais" Unter den Linden neben dem Palais Kaiser Wilhelms I. Langhans bevorzugte bei seinen Sälen langrechteckige Grundrisse, die an den Schmalseiten durch vorgestellte Säulen abgerundet wurden, so daß die Form des Saales ins Oval übergeführt erscheint und die Türen in zurückliegenden Ecknischen sitzen. Außer den genannten ist noch der große Saal in Bellevue mit weiblichen Hermen als Gesimsträgern zu nennen.

Die bedeutsamste Schöpfung Friedrich Wilhelms II. ist das Marmorpalais im neuen Garten am Heiligen See bei Potsdam, das im Anfange der neunziger Jahre zugleich mit dem großen, reich mit Baulichkeiten durchsetzten Park entstand. Das Äußere des auf einer Terrasse in den See vorspringenden Schlosses ist noch von Gontard ausgeführt, das letzte Werk dieses hervorragendsten Baumeisters der Spätzeit Friedrichs des Großen, in der Anlage und Ausführung völlig abweichend von dem Stil, der unter Friedrich herrschend war (Tafel 53). Das würfelförmige, zweistöckige Gebäude in grünlichweißem schlesischen Marmor und rotem Backstein, nur durch ganz flache Vorsprünge, durch knappe Gesimse und flache Relieftafeln gegliedert, mit einem Belvedere auf dem flachen Dach und mit vorspringenden niedrigen Flügeln, ist ein Ableger der holländisch-englischen neupalladianischen Villenarchitektur des späteren 18. Jahrhunderts. Wundervoll ist die Steinmetzarbeit an den figürlichen Reliefs und an den Gehängen der Tafeln über den Fenstern, namentlich auf der Rückseite unter dem Säulenbalkon auf der Terrasse. Überhaupt verdient das musterhafte Verhältnis der ornamentalen und figürlichen Reliefarbeiten unter Schadows Einfluß an allen Bauten dieser Schule höchstes Lob. Die Puttengruppe auf dem Belvedere hat der Kupferschmied Jury getrieben, derselbe, der Schadows Quadriga auf dem Brandenburgertor gefertigt hat. Das Innere des Marmorpalais ist von Langhans ausgeführt. Das hohe Treppenhaus mit Säulenstellung, der Grottensaal dahinter und der große Saal im ersten Stock nach dem See (Tafel 54) sind wieder mit weißen oder zartgetönten Stuckmarmorflächen verkleidet, während die übrigen Zimmer durch gemalte oder furnierte Holzvertäfelungen oder durch Seidenbespannungen im feingeschnitzten Rahmenwerk ausgezeichnet sind (Tafel 55, 56). Wie in Erdmannsdorffs Königskammern, so ist auch in Langhans Raumausstattungen, besonders hier im Marmorpalais, die Einwirkung der englischen frühklassizistischen Dekoration in der Art des Robert Adam unverkennbar, wie denn auch Wedgwoodsteingut, englische Stiche und Stühle in der Art von Hepplewhite und Sheraton zur Einrichtung gehören. Vor allem ist der Park selbst mit seinen malerischen Ufern und Nadelholz- und Laubgruppen, mit gotisierenden und ägyptisierenden Gebäuden unter Einwirkung des englischen Geschmacks entstanden. Ein köstliches Denkmal der vollendeten Kunst in der Innenausstattung ist das nach einer Idee der Gräfin Lichtenau, der Geliebten des Königs, als Burgruine erbaute Schlößchen auf der benachbarten, in der Havel gelegenen Pfaueninsel. Als ein Zeugnis einer kaum zu überbietenden Vollendung in der Behandlung verschieden gemaserter Holzarten ist der große, ganz vertäfelte Saal mit Pilastern im ersten Stocke zu nennen. Die übrigen Zimmer sind wegen ihrer teilweise wohlerhaltenen geblümten Tapeten und Kattunbespannungen und der vortrefflichen Berliner Möbel beachtenswert. Auch der durch uralte Eichen ausgezeichnete Park der Pfaueninsel ist mit Baulichkeiten in romantischer Gotik belebt, einer Meierei, einem Kavalierhaus am Ostende, wo sich der Blick über weite Schilfflächen fort zur Havel und zum Wannsee eröffnet.

Der König plante ein großes gotisches Schloß auf dem Pfingstberge, bis zu dessen Fuß der Neue Garten sich erstreckt. Glücklicherweise ist es nicht zur Ausführung gekommen. Über den sentimentalen Spielereien, mit denen Friedrich Wilhelm II., als ein Kind seiner Zeit, seine Parkschöpfungen zu durchsetzen liebte, ist nicht der reiche Segen zu vergessen, den die großgeplanten Parkschöpfungen dieses Königs für die nachkommenden Geschlechter bedeuten.

Auch den Schloßpark von Charlottenburg hat er im englischen Stile umgewandelt. Hier errichtete Langhans zwei seiner köstlichsten Bauten. Das Theater am Ende der Eosanderschen Orangerie (Tafel 57), dessen entzückender Zuschauerraum noch wenige Jahre vor dem Kriege ohne Ursache zerstört wurde, und am Ende des Parks an der Spree das Belvedere von ovalem Grundriß mit vier Anbauten. Beide Gebäude verraten das Studium genuesischer Paläste, leider aber sind sie seit Ersatz des schönen ockergelben Putzes durch einen grauen Putz vor etwa zehn Jahren stark beeinträchtigt. Im Ostflügel Friedrichs des

Großen ließ sich Friedrich Wilhelm II. um 1795 eine Reihe von Zimmern im ersten Stock einrichten, die zu dem schönsten gehören, was der deutsche Frühklassizismus an Wohnungsausstattungen hervorgebracht hat. Die schlichten Möbel in Mahagoni- und Zedernholz und die geblümten Seiden- und Papierbespannungen, die Tonöfen aus der Ungerschen Fabrik und mancherlei Geschirr sind noch wohlerhalten. Ein köstliches Zeugnis der Innenausstattung im frühklassizistischen Stil ist das 1797/98 von David Gilly für die Königinwitwe Ulrike Friederike erbaute Sommerschlößchen in Freienwalde, das inmitten eines großen Parks auf der Höhe über dem alten Badestädtchen an der Oder liegt. Während das schlichte Äußere wiederholt, neuerdings durch den letzten Besitzer, den ermordeten Minister Rathenau, einen leidenschaftlichen Verehrer und einen der Entdecker des Berliner Frühklassizismus, umgestaltet worden ist, birgt das Innere noch eine Reihe von Räumen, darunter den Gartensaal und den Speisesaal, die mit zartgemalten Blumentapeten und zierlichen Möbeln den alten Zustand bewahren (Tafel 58). Über diesen Gemächern der Gemahlin Friedrich Wilhelms II. liegt noch ein Hauch der feineren Kunst des Louisseize als ein Ausklang der eleganten fürstlichen Wohnungskunst des 18. Jahrhunderts.

Ein neuer, bürgerlicher Zug bestimmt dagegen das Landschloß, das sich das Kronprinzenpaar Friedrich Wilhelm III. und Luise gleichzeitig — 1796 bis 1797 — in dem Dorfe Paretz bei Potsdam im Havellande errichtete (Tafel 59). Das von dem Oberbaurat David Gilly erbaute langgestreckte Schloß ist ein Muster des nur durch gute Verhältnisse wirkenden Landhausbaues, wie er in erster Linie durch Gilly selbst in der Mark Brandenburg, in Pommern und den übrigen Provinzen der preußischen Monarchie diesseits der Elbe im letzten Viertel des 18. Jahrhunderts entwickelt worden ist. Die ehemals in verschiedenfarbigem gelben Putz gehaltenen Fassaden sind nur durch Halbbogenfenster, durch schwach vortretende Vorsprünge, durch knappe Gesimse, vereinzelte Eintiefungen und Fugungen belebt, übereinstimmend mit den beiden zu Ställen dienenden isolierten Seitenflügeln, den angrenzenden Guts- und Wirtschaftsgebäuden und selbst zu den Bauernhäusern, die sich zu beiden Seiten der breiten Dorfaue und des englischen Parks vor und hinter dem Schlosse hinziehen. Das junge Königspaar folgte

Abb. 7. Paretz, Aufriß der Vorderfront und Grundriß des Erdgeschosses (nach Schmitz)

einer Strömung dieser Zeit, indem es seinen Sommersitz als ein mitten zwischen Bauernhäusern offenliegendes Gutshaus errichtete. Die Art fürstlichen Wohnens, die sich in Sanssouci und noch im Marmorpalais kundgibt, war nicht mehr zeitgemäß. Es wäre lehrreich, überhaupt aus den verschiedenen Sommersitzen, die sich die Preußenkönige errichteten, die Persönlichkeiten unter dem Gesichtspunkte zu charakterisieren, inwiefern sie sich gerade darin, ungezwungen und im Verkehre mit der Natur, als Repräsentanten ihres Zeitalters darstellen. Das Innere von Paretz zeigt ebenfalls die Verbürgerlichung der fürstlichen Lebensweise (Tafel 60, 61). Mit seinen schlichten Mahagoni- und Birnholzmöbeln, den mit Landschaften und Blumen gemalten oder einfarbigen, von Borten umzogenen Papiertapeten, mit den schlichten weißen Stuckkaminen bieten die Zimmer Friedrich Wilhelms III. und der Königin Luise ein Bild der deutschen Lebenskultur dieser uns gegenwärtig so fesselnden Zeit um 1800, wie es nur wenige von gleicher Lebendigkeit gibt. Die symmetrische Anlage des Gebäudes mit dem schmalachteckigen Vestibül und dem mit Landschaftstapeten ausgeschlagenen Gartensaal in der Mittelachse und den beiderseits in zwei durchgehenden Fluchten ansetzenden Zimmern beruht immer noch auf den Lehren der fürstlichen Baukunst des 18. Jahrhunderts.

Die Stadtwohnung, die sich das Kronprinzenpaar bald nach seiner Vermählung im Berliner Kronprinzenpalais einrichtete, ist nur in einzelnen Zeichnungen überliefert. Eine Anzahl köstlicher Möbel und Ausstattungsstücke sind ins Hohenzollernmuseum in Monbijou gelangt. Diese Berliner Möbelkunst des ausgehenden 18. Jahrhunderts hat — unter Verarbeitung englischer Einwirkungen — die Grundlage geschaffen, auf der im zweiten Jahrzehnt des 19. Jahrhunderts die blühende Berliner Möbelkunst des Biedermeier erwachsen ist.

Im Jahre 1804 ließ das Königspaar eine Anzahl von Zimmern im Westflügel des Potsdamer Stadtschlosses einrichten. Unter diesen ist das von dem Architekten Ludwig Catel eingerichtete Etrurische Kabinett in Stuckmosaik aus der Catelschen Mosaikfabrik als Denkmal des deutschen „Directoire“, wenn dieser Name gestattet ist, beachtenswert. Die übrigen Zimmer sind reich an musterhaften, schlichten Möbeln, meist Berliner Arbeit um 1800. Auch die Räume, die das Königspaar während der französischen Okkupation 1807 bis 1809 im

Schloß in Königsberg bewohnte, sind mit verwandten Möbeln ausgestattet. Nach der Rückkehr im Jahre 1809 ließ die Königin durch den jungen Schinkel einen Salon im Kronprinzenpalais einrichten, der aber nur noch in Entwürfen vorhanden ist. Das Grabmal, das der König im Jahre 1810 seiner frühabgeschiedenen Gemahlin im Charlottenburger Park errichtete, hat der Hofbauinspektor Heinrich Gentz im dorischen Stil erbaut, während Schinkel dazu einen höchst romantischen Entwurf in Gestalt einer gotischen Kapelle geliefert hatte. Gentz, der Schöpfer der unter Goethes Leitung 1802 bis 1804 vollzogenen wundervollen Ausstattung im rechten Flügel des Weimarer Schlosses, hat im Jahre 1811 den schmalen Kopfbau des Prinzessinnenpalais mit strenger Pilastergliederung und den Schwibbogen über die Oberwallstraße nach dem Kronprinzenpalais erbaut (Tafel 62). Die ausdrucksvolle Behandlung der Formen, z. B. der Quaderung beim Sockel und der Fugenzeichnung am Schwibbogen, ist ein Beleg dafür, wie lange die lebensvolle Empfindung der Baukunst des 18. Jahrhunderts nachgewirkt hat.

SCHLOSSBAUTEN FRIEDRICH WILHELMS III., FRIEDRICH WILHELMS IV. UND WILHELMS I.

PRINZLICHE PALAIS / CHARLOTTENHOF / GLIENICKE / NEUBABELS-BERG UND POTSDAM – SCHINKEL / PERSIUS / HESSE UND ANDERE

Auch nach den Freiheitskriegen und bis über die Mitte des 19. Jahrhunderts hinaus hat die Tätigkeit des Hohenzollernhauses auf dem Gebiete des Schloßbaues ungemindert fortgedauert. Aber die Schöpfungen dieser Epoche des langsam sinkenden Architekturempfindens können in einer kurzen kritischen Darstellung nur einen untergeordneten Platz einnehmen. Gegenüber den Werken von Schlüter, Knobelsdorff und Langhans dürfen die nach 1815 von Schinkel und seiner Schule errichteten Schlösser nicht den Anspruch einer gleich eingehenden Behandlung erheben.

Schinkel selbst hat in dem Jahrzehnt nach den Freiheitskriegen für den König und seine Söhne Friedrich Wilhelm IV., Wilhelm I., Karl und Albrecht eine Reihe von Um- und Neubauten ausgeführt, beziehungsweise die Entwürfe dazu geliefert. Für den König den schönen, viereckigen Bibliothekspavillon im Charlottenburger Park hinter dem Ostflügel Friedrichs des Großen, im Inneren mit grotesken Wandmalereien (Tafel 64 oben). Für den Kronprinzen Friedrich Wilhelm IV. das Schlößchen Charlottenhof in dem von Lenée angelegten Parke südlich vom Parke von Sanssouci (Tafel 64 unten). Das aus einem Landhause des 18. Jahrhunderts umgebaute Schlößchen ist in griechischen Formen gehalten, mit einer dorischen Säulenhalle auf der Rückseite, die sich zu der von einer Pergola eingefaßten und hinten durch einen halbrunden, säulenumschlossenen Sitz begrenzten Gartenterrasse öffnet. Das Innere, das die feinen Raumverhältnisse des älteren Baues bewahrt hat, ist durch die farbigen Papiertapeten und die schlichte Möbelausstattung im Biedermeierstil ausgezeichnet. Die Villa war gedacht als Mittelpunkt einer großen Anlage in der Art der Villen des Plinius, doch ist nur Einiges, wie das „Hippodrom" gegenüber und rückwärts am See das römische Haus mit einem säulenumstellten Atrium und Malereien im pompejanischen Geschmacke, zustande gekommen. Im Berliner Schloß richtete

Schinkel 1825 für das Kronprinzenpaar eine Wohnung im ersten Stocke nach dem Schloßplatz ein, von der der viereckige Teesalon mit Wandgemälden und ein Saal mit korinthischer Säulenstellung einigermaßen erhalten sind (Tafel 63). Die Wohnräume des kunstbegeisterten, feinsinnigen Kronprinzenpaares im Schloß und in Charlottenhof sind in farbigen Aquarellen in der Hausbibliothek überliefert. Für den Prinzen Karl erbaute Schinkel in Glienicke in dem wundervollen Park an der Havel das Schloß und den Teesalon in ganz schlichten Formen, beide noch den schönen ockergelben Ton des alten Bewurfs tragend. An der Ecke des Parks, wo die schöne, von Schinkel erbaute Backsteinbrücke über die Havel durch eine besonders ungünstige Eisenbrücke unter dem letzten Kaiser ersetzt worden ist, entstand ein Rundbau nach dem Vorbilde des Lysikratesdenkmals in Athen. In Berlin baute Schinkel für den Prinzen Karl das früher genannte, von de Bodt entworfene Johanniterpalais am Wilhelmsplatz in griechischen Formen um. Neben Charlottenhof gehören diese Schöpfungen zu den glücklichsten des Meisters. Im Inneren des Berliner Palais verdient die lange Galerie mit Malereien nach Schinkels Entwürfen einen bevorzugten Platz unter seinen dekorativen Malereien. Für den Prinzen Albrecht gestaltete der Meister das Innere des gleichfalls erwähnten ehemaligen Palais Vernezobre in ähnlicher Weise um, mit Treppenhaus und Mittelsaal. Auch das Äußere, namentlich die Kolonnade an der Straße, verdankt Schinkel einige Umänderungen; in dem herrlichen Park errichtete er in Backstein die leider dieses Jahr dem Abbruch verfallenden Backsteinbauten des Marstalls und der Reitbahn. Für Prinz Albrecht entstand ferner nach Schinkels Entwürfen das große Schloß Kamenz in Schlesien in Formen eines gotischen Kastells.

Prinz Wilhelm, der spätere Kaiser Wilhelm I., ließ sich Anfang der dreißiger Jahre durch den jüngeren Langhans, den Schöpfer des schönen Leipziger Theaters, an der Ecke des Opernhausplatzes Unter den Linden an Stelle des ehemalig markgräflich Schwedtschen Palais ein Palais errichten, das im Äußeren zu den vornehmsten Bauten der Epoche gehört. Das Innere, das eine sehr glückliche Grundrißanlage aufwies, ist später durch Strack und andere umgestaltet worden und bietet heute durch die Überladung mit geschmacklosem Haus- und Zierat keinen günstigen Eindruck dar. Auf der Höhe des Babertsberges

gegenüber von Glienicke schuf sich der Prinz nach Skizzen Schinkels das Schloß Neubabelsberg im englisch-gotischen Stile, das durch Persius und Gottgetreu erweitert worden ist. Als Architektur von geringer Bedeutung wirkt das Schloß doch im Rahmen der von Lenée und Graf Pückler Muskau geschaffenen Parklandschaft mit, die den Blick auf die Havel und Potsdam schweifen läßt. Im Inneren gleicht es dem Berliner Palais an Geschmacklosigkeit.
Im Augenblicke der Thronbesteigung Friedrich Wilhelms IV., 1840, starb Schinkel, und so kamen die großartigen Pläne, die der mit so reicher Bauphantasie begabte Monarch mit dem Meister für die Anlage eines weitläufigen Schlosses am Südufer der Havel hinter Potsdam ausgearbeitet hatte, nicht zur Ausführung. In Schinkels Schüler Persius fand Friedrich Wilhelm IV. einen Meister, der seine Ideen ins Leben zu führen geeignet war. Persius ist bereits einen Schritt weiter als Schinkel auf dem Wege zur Romantik gegangen, indem er den Stil der italienischen Villen und der altchristlichen Kirchen in einer zeitgemäßen malerischen Auffassung an die Ufer der Havel übertragen hat. In dieser Richtung liegt der Reiz seiner Bauten, unter denen die Heilandskirche am Rande des Parks von Sakrow und die Erlöserkirche am Eingange des Parks von Sanssouci als Kirchenbauten und die Pförtner-, Gärtner- und Försterhäuser im Parke von Sanssouci und im Wildpark erwähnt seien. Zahlreiche kleine Bauten, teils in klassischem, teils in italienischem Villenstil, auch einzelne gotisierende Bauten schuf Persius in dem Parke von Glienicke, im Neuen Garten und in Charlottenhof. Ein Grundzug der Persiusschen Kunst ist der Bruch mit der strengen Symmetrie, die teilweise Schinkel noch beibehalten hatte, zugunsten der malerischen Wirkung, ein folgenschwerer Schritt für die Zukunft. Freilich starb Persius bereits im Jahre 1845. Sein Nachfolger wurde Hesse, dessen schönste Schöpfung beiläufig die Berliner Tierarzneischule von 1840 ist. Er führte auf dem Pfingstberg die mächtige Schloßanlage mit den beiden Pavillons aus, die die Landschaft um Potsdam weithin beherrschen. Auf dem Hügelzuge zwischen Sanssouci und dem Belvedere Friedrichs des Großen schuf Hesse in den Formen der Villa Borghese die ausgedehnte Orangerie, die durch die unglückliche Treppenanlage des letzten Kaisers in ihrer Wirkung sehr gelitten hat. Doch ist der Bau an sich das Zeugnis einer bereits erstarrten architek-

tonischen Empfindung. Die Ausstattung des Inneren mit reichen Möbelgarnituren, Seidenbespannungen und vergoldeten Schnitzereien im Geschmacke des zweiten Rokokos veranschaulicht in selten klarer Weise den Abstand dieser künstlichen Neubelebung von dem Originalstile des Rokokos hundert Jahre früher, den man wenige Schritte entfernt im Schlößchen Sanssouci vor sich hat. Ein verhältnismäßig feines Werk ist das kleine Schlößchen Lindstaedt, das der König am Ende des Hügelzuges bei Eiche durch Arnim erbauen ließ. Im Park und auf der Terrasse und um die Fontäne von Sanssouci hat der König eine Reihe von oft wenig glücklichen Marmordenkmälern errichten lassen. Er hat, die Arbeiten Friedrich Wilhelms III. fortsetzend, den Park durch Lenée im englischen Stile umwandeln und stellenweise erweitern lassen.

Im Berliner Schlosse hat der König ebenfalls eine Reihe von Um- und Ausbauten vorgenommen. Stüler errichtete die Kuppel mit achteckigem Tambour über dem Eosanderportal in guten Verhältnissen, im Inneren die Kapelle. Unglücklich sind die Bereicherungen der Paradekammern, z. B. die vergoldeten Zinkgußtüren. Den weißen Saal hat Stüler in den fünfziger Jahren umgebaut. Doch ist diese Ausstattung, von der uns farbige Aquarelle eine Anschauung bewahren, abermals durch den letzten Kaiser nach Entwürfen Ihnes umgeändert worden. Dieser reich mit Marmor verkleidete, prunkvolle, weiße Saal zeigt an den Wänden die Statuen der Hohenzollernfürsten vom Großen Kurfürsten bis zu Kaiser Friedrich III. Noch steht hier der Thronbaldachin, unter dem Wilhelm II. im August 1914 die Kriegsproklamation unter tiefster Bewegung der Versammelten verlaß. Und niemand ahnte, daß vier Jahre später der preußische Thron zusammenstürzen sollte.

SCHLUSS

Die zweihundertjährige glanzvolle Geschichte der preußischen Königsschlösser von dem Großen Kurfürsten bis zu Friedrich Wilhelm IV. hat um die Mitte des 19. Jahrhunderts ihren Abschluß erreicht. Schon die letzten Unternehmungen Friedrich Wilhelms IV. stehen unter der Einwirkung des Stilverfalls, der in den vierziger Jahren die schon in ihrer Lebenskraft geschwächte Baukunst allgemein betroffen hat. Die Könige haben diesem Stilverfall Vorschub geleistet — natürlich unbewußt —, indem sie glaubten, weiter nach dem Vorbilde der absoluten Fürsten der vorangehenden Jahrhunderte repräsentative Bauten schaffen zu müssen, während das Zeitalter bereits andere Gewalten heraufgeführt hatte. Einen tiefgehenden Einschnitt bezeichnet in der Stellung der Fürsten die Revolution des Jahres 1848, die das Volk in weitgehendem Maße an der Regierung des Landes beteiligte. Es kennzeichnet den romantischen Sinn Friedrich Wilhelms IV., daß er nach dieser Revolution die Ausführung seiner Schloß- und Parkideen in Potsdam fortgesetzt hat. Sein Nachfolger, der hochselige Kaiser Wilhelm I., der als Mensch so sehr von dem träumerischen Wesen seines Bruders Friedrich Wilhelm IV. sich unterscheidet, hat kein tieferes Verhältnis zur Kunst besessen. Wo er seinen Kunstsinn betätigen möchte, in seinem Berliner Palais, in Neubabelsberg und in Potsdam: überall springt das in die Augen. Auch Friedrich III. und seine englische Gemahlin Viktoria, die in den sechziger Jahren zuerst im Kronprinzenpalais und im Charlottenburger Schloß im ersten Stock sich einrichteten, haben trotz ihres Interesses für die Kunst sich nicht durch einen feineren Geschmack ausgezeichnet.

Das mancherlei Mißlungene, was die späteren Hohenzollern als Kinder ihrer Zeit geschaffen, wiegt federleicht gegenüber dem, was das Geschlecht an hervorragenden Leistungen in den zwei vorangehenden Jahrhunderten hervorgebracht hat, wofür diese Darstellung der preußischen Königsschlösser Zeugnis ablegt.

Das Gefühl der Dankbarkeit des Volkes gegenüber seinem ehemaligen Herrscherhause verbietet alle nicht unbedingt gebotenen Eingriffe in die künstlerische Erbschaft, die ihm durch die Staatsumwälzung zugefallen ist. Man kann diese Dinge nicht bloß als Kunstwerke mit den Augen des Ästheten betrachten, sondern Empfindungen anderer, vielleicht wichtigerer Art hegt das preußische Volk dieser Hinterlassenschaft gegenüber. Mit den Gestalten Friedrich Wilhelms IV., König Wilhelms I. und Friedrichs III. verknüpfen sich zu viele Erinnerungen an unsere vaterländische Geschichte, die uns in vielfachen Beziehungen teuer sind, so daß wir an ihre Schöpfungen nicht voreilig Hand anlegen wollen. Und es ist ein schönes Zeichen für das Pietätsgefühl selbst des kleinen Mannes gegenüber der früheren Dynastie, daß alle vorschnellen Eingriffe dieser Art von der öffentlichen Meinung einmütig abgelehnt worden sind. Man darf ja auch, wenn man Friedrich Wilhelm IV. seine oft nicht günstigen Zutaten im Parke von Sanssouci zum Vorwurfe macht, nicht vergessen, daß dieser wohlwollende Monarch im weiten Umkreise um Potsdam, an den Ufern der Havel und auf den Höhen die Pflanzungen und Parkanlagen geschaffen hat, die den Abschluß der von dem Großen Kurfürsten in die Wege geleiteten Kultivierung und Verschönerung der Gegend darstellen und die heute, voll herangewachsen, alljährlich Millionen der arbeitenden Großstadtbevölkerung Erholung und Erhebung gewähren. Mit vollem Rechte hat deshalb der öffentliche, gesunde Sinn die Vorschläge der letzten Tagung für Denkmalpflege in Potsdam, die Erinnerungen an Friedrich Wilhelm IV. zu beseitigen, zurückgewiesen.
Eine Forderung, die aber mit Recht erhoben worden ist und hiermit erneut erhoben wird, ist die der Fruchtbarmachung des in unseren ehemaligen preußischen Königsschlössern dem Staate zugefallenen künstlerischen Nationalgutes im Dienste der künstlerischen und wissenschaftlichen Arbeit des Landes.

TAFELN

Besonderen Dank schuldet der Verfasser der preußischen Meßbildanstalt, der jetzigen Staatlichen Lichtbildstelle, Berlin, Schinkelplatz 6, und ihrem Vorstand, Herrn Regierungsrat von Lüpke für die freundliche Überlassung der Vorlagen zu den Tafeln 10, 13, 14, 19, 22, 29, 32, 37, 39, 40, 43, 44, 48, 52, 57 und 62. Die Meßbildanstalt unterhält ein großes Lager von teilweise ausgezeichneten Außen- und Innenaufnahmen von den ehemaligen preußischen Königschlössern.

Chapelle du Grand Electeur au Château de Berlin (vers 1645)

Kapelle des Großen Kurfürsten im Berliner Schloß um 1645

Chapel of the Great Elector in the Berlin castle about 1645

Ancien Pavillon du Grand Electeur
dans le parc de Berlin
Construit par Memhardt vers 1650

Ehemaliges Lusthaus des Großen
Kurfürsten im Berliner Lustgarten
Erbaut von Memhardt 1650

Former summer-house of the Great
Elector in the Berlin Pleasure-garden
Erected by Memhardt in 1650

Orphelinat de Louise Henriette près du Château Oranienburg

Waisenhaus der Luise Henriette beim Schloß Oranienburg Memhardt 1650–1660

Orphan Asylum of Louisa Henriette near the Oranienburg castle

Ancien Pavillon du Grand Electeur à Bornim

Ehemaliges Lusthaus des Großen Kurfürsten in Bornim
1661–1675

Former summer-house of the Great Elector at Bornim

Palais Royal de Potsdam
Tel qu'il était à l'origine

Stadtschloß in Potsdam
Ursprünglicher Zustand
La Chieze, Memhardt 1660–1676

Royal palace at Potsdam
Original state

Château Oranienburg
Côté du jardin

Schloß Oranienburg
Gartenseite
Nering um 1690

Oranienburg castle
Garden-side

Cabinet Chinois de Frédéric I au Château de Berlin (vers 1690)

Chinesisches Kabinett Friedrichs I. im Berliner Schloß um 1690

Chinese cabinet of Frederick the First in Berlin castle about 1690

Château de Berlin
Partie de la Façade donnant sur la Place du Château

Berliner Schloß
Teil der Front nach dem Schloßplatz
Andreas Schlüter 1699—1706

Berlin castle
Part of façade towards the court-yard

Château de Berlin
Partie de la Façade donnant
sur le Jardin de plaisance

Berliner Schloß
Teil der Lustgartenfront
Andreas Schlüter 1699–1706

Berlin castle
Part of the façade towards
the Pleasure-garden

Château de Berlin
Cour Schlüter, partie saillante du milieu avec la cage d'escalier principale

Berliner Schloß
Schlüterhof, Mittelrisalit mit dem Haupttreppenhaus

Berlin castle
Schlüter court, middle projecting part with the main staircase

Château de Berlin
Cour Schlüter
Partie saillante latérale

Berliner Schloß
Schlüterhof
Seitenrisalit

Berlin castle
Schlüter court
Lateral projecting part

Château de Berlin
Façade latérale d'après le plan de Schlüter
(Gravure)

Berliner Schloß
Seitenfront nach Schlüters Entwurf
(Kupferstich)

Berlin castle
Side view according to Schlüter's design
(Engraving)

Château de Berlin
Cage d'escalier principale

Berliner Schloß
Haupttreppenhaus
Andreas Schlüter 1699–1706

Berlin castle
Main staircase

Château de Berlin
Salle des Chevaliers

Berliner Schloß
Rittersaal
Andreas Schlüter 1703

Berlin castle
Hall of Knights

Château de Berlin
Groupe „Amérique“ dans la Salle des Chevaliers

Berliner Schloß
Gruppe „Amerika“ im Rittersaal
Andreas Schlüter

Berlin castle
Group „America“ in hall of Knights

Château de Berlin
Décoration en stuc dans les salles de parade
vers 1706

Berliner Schloß
Stuckdekoration in den Paradekammern
Andreas Schlüter
um 1706

Berlin castle
Stucco decoration in the parade chambers
about 1706

Premiér project pour la Tour de la Monnaie

Erster Münzturmentwurf Andreas Schlüter 1707

First design for the tower of the Mint

Second projet pour la Tour de la Monnaie

Zweiter Münzturmentwurf Andreas Schlüter 1707

Second design for the tower of the Mint

Château Charlottenburg
Commencé par Nering vers 1690,
achevé par Eosander vers 1712

Schloß Charlottenburg
Begonnen von Nering um 1690,
vollendet von Eosander um 1712

Charlottenburg castle
Begun by Nering about 1690,
completed by Eosander about 1712

Château Charlottenburg
Salle de l'Orangerie – gravure

Schloß Charlottenburg
Orangeriesaal–Kupferstich
Eosander 1706

Charlottenburg castle
Orangery hall–engraving

Château Charlottenburg
Pièce lambrissée vers 1710

Schloß Charlottenburg
Vertäfelter Raum
Eosander um 1710

Charlottenburg castle
Wainscotted room
about 1710

Château Charlottenburg
Salle avec tapisseries de Le Vigne (vers 1712)

Schloß Charlottenburg
Saal mit Tapisserien von Le Vigne, um 1712

Charlottenburg castle
Hall with tapestries by Le Vigne (about 1712)

Esquisse du cabinet des porce=
laine à Charlottenburg
Gravure

Entwurf zum Porzellan=
kabinett in Charlottenburg
Kupferstich
Eosander 1710

Design for the china=
room at Charlottenburg
Engraving

Château Monbijou à l'origine — Schloß Monbijou im ursprüngl. Zustand — Monbijou castle in original state

Eosander 1703

BERLIN

Palais Kreutz–Klosterstraße
(jetzt Museum für Völkerkunde)
Böhme 1716

Palais Kreutz–Klosterstraße
(actuellement Musée d'Ethnologie)

Palace Kreutz–Klosterstraße
(at present Museum for Ethnology)

Château de Schwedt sur l'Oder
Côté du jardin
Construit par Böhme et Dietrichs

Schloß Schwedt a. d. Oder
Gartenfront
Erbaut von Böhme und Dietrichs
1719–1723

Schwedt castle on the Oder
Garden façade
Erected by Böhme and Dietrichs

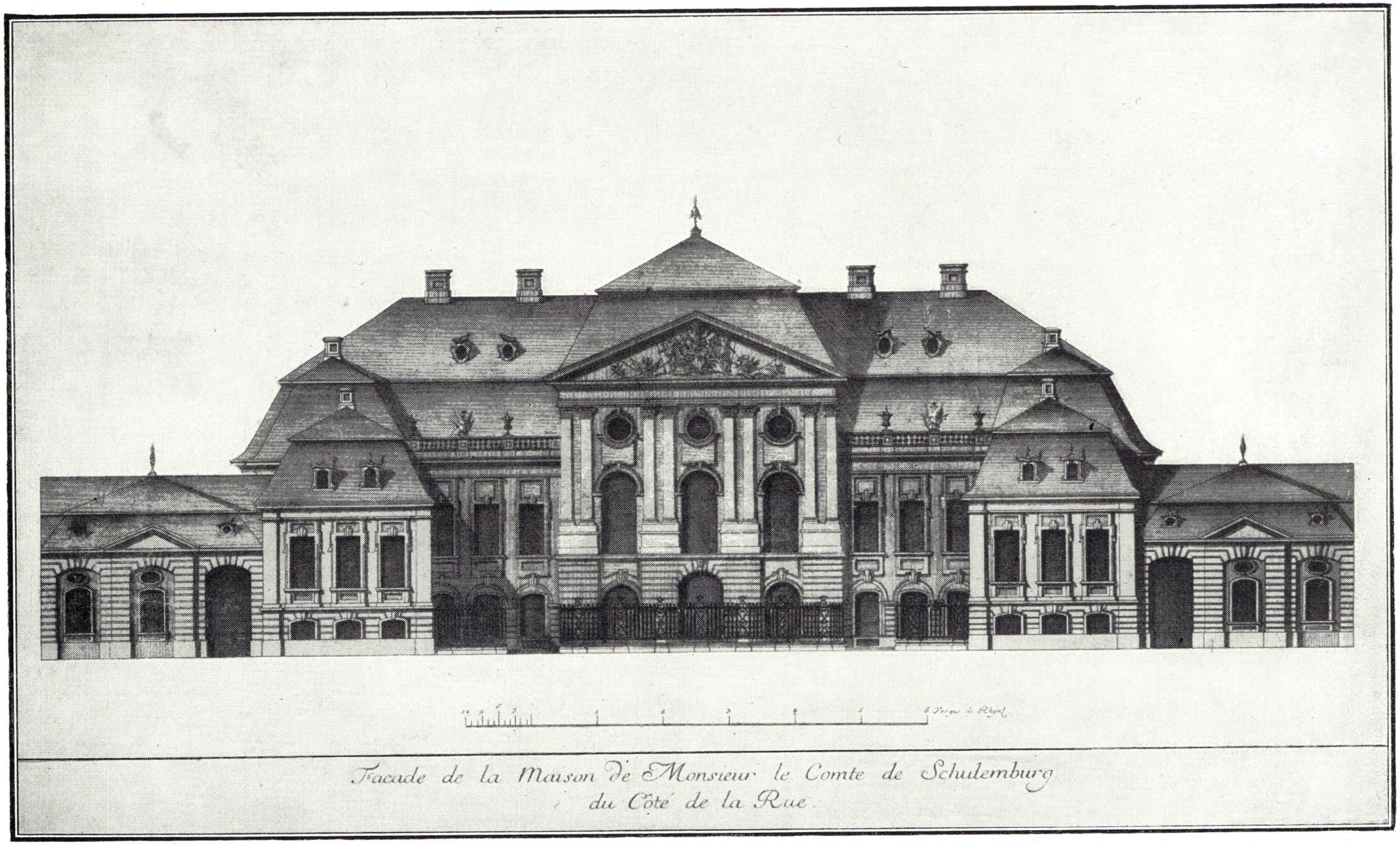

Ancien Palais de Schulenburg
(Palais du Chancelier de l'empire)

Ehemaliges Palais Schulenburg
(Reichskanzlerpalais)
Richter 1736–1739

Former palace of Schulenburg
(Palace of the Chancellor of the empire)

Palais Schwedt à Berlin
Unter den Linden
Ecole de Gerlach vers 1735

Palais Schwedt in Berlin
Unter den Linden
Gerlachs Schule um 1735

Schwedt palace in Berlin
Unter den Linden
Gerlach's school about 1735

BERLIN

Palais des Princesses
Rue Oberwall

Prinzessinnenpalais
Oberwallstraße
Dietrichs 1733

Princesses' palace
Oberwall Street

Palais du Comte de Schwerin
(Ministère de la Maison Royale
73 Wilhelmstraße)

Gräflich Schwerinsches Palais
(Hausministerium, Wilhelmstraße 73)
Wiesend 1736

Count Schwerin's Palace
(Ministry of the Royal Household
73 Wilhelmstraße)

Château de Rheinsberg
Côté du lac
Construit par Kemmeter et Knobelsdorff

Schloß Rheinsberg
Seeseite
Erbaut von Kemmeter und Knobelsdorff
1736–1739

Rheinsberg castle
Facing the lake
Erected by Kemmeter and Knobelsdorff

Château Charlottenburg
Galerie d'Or

Schloß Charlottenburg
Goldene Galerie
Knobelsdorff, Joh. Aug. Nahl
1742

Charlottenburg castle
Golden gallery

Château Charlottenburg
Salle d'or
Plafond et partie du mur

Schloß Charlottenburg
Goldener Saal
Decke und Wanddetail
Joh. Aug. Nahl 1742

Charlottenburg castle
Golden hall
Ceiling and part of wall

Palais de Potsdam avec la collonade devant le long pont

Stadtschloß Potsdam mit der Kolonnade vor der langen Brücke

Knobelsdorff 1745

Potsdam town=palace with colon=nade before the long bridge

Palais de Potsdam
Façade, construction centrale

Stadtschloß Potsdam
Vorderfront, Mittelbau
Knobelsdorff 1745

Potsdam town-palace
Middle part of front

Palais de Potsdam
Cour et partie saillante principale avec cage d'escalier

Stadtschloß Potsdam
Hof und Hauptrisalit mit dem Treppenhaus
Knobelsdorff 1745

Potsdam town=palace
Court and main salience with staircase

Palais de Potsdam
Salle à manger

Stadtschloß Potsdam
Speisezimmer
Knobelsdorff, Joh. Aug. Nahl
1745

Potsdam town-palace
Dining hall

Palais de Potsdam
Salle de concert de Frédéric le Grand

Stadtschloß Potsdam
Konzertzimmer Friedrichs d. Gr.
Joh. Aug. Nahl 1745

Potsdam town-palace
Concert-hall of Frederick the Great

Palais de Potsdam
Salle de bronze
D'après l'esquisse de
Nahl par Kambly

Stadtschloß Potsdam
Bronzesaal
Nach Nahls Entwurf
von Kambly

Potsdam town-palace
Bronze hall
According to Nahl's
design by Kambly

Écuriés près du Palais de Potsdam
Partie saillante
Construite par Knobelsdorff
Plastique de Glume le cadet

Marstall beim Potsdamer Stadtschloß
Risalit
Erbaut von Knobelsdorff
Plastik von Glume d. J.
1745

Royal stables near the Potsdam town-palace
Projecting part
Erected by Knobelsdorff
Sculptures by Glume the younger

SANSSOUCI

Parc et Château
Construit par Frédéric le Grand et Knobelsdorff

Park und Schloß
Friedrich d. Gr. und Knobelsdorff
1745

Park and castle
Erected by Frederick the Great and Knobelsdorff

Château de Sanssouci
Façade, partie saillante du milieu

Schloß Sanssouci
Vorderfront, Mittelrisalit
Knobelsdorff 1745

Sanssouci Castle
Front view, middle salience

Château de Sanssouci
Façade de derrière

Schloß Sanssouci
Rückfront
Knobelsdorff 1745

Sanssouci Castle
Rear

Château de Sanssouci
Grande salle centrale

Schloß Sanssouci
Großer Mittelsaal
Knobelsdorff 1745

Sanssouci Castle
Large middle hall

Parc de Sanssouci
Colonnes du portail d'entrée

Park von Sanssouci
Säulenstellung am Eingangsportal
Knobelsdorff 1745

Park of Sanssouci
Columns at the entrance-porch

BERLIN

Palais Prinz Heinrich
(jetzt Universität)
Nach Knobelsdorffs Entwurf
von Boumann d. Ä.
1754

Palais du Prince Henri
(actuellement Université)
Construit par Boumann aîné
sur le plan de Knobelsdorff

Palace of Prince Henry
(at present University)
According to Knobelsdorff's
design by Boumann the elder

Nouveau Palais près Potsdam
Façade, partie centrale

Neues Palais bei Potsdam
Vorderfront, Mittelteil
Bühring, Manger, Gontard
1764—1769

New Palace near Potsdam
Front view, middle part

POTSDAM

Les Communs, partie de droite près du Nouveau Palais

Rechter Kommunsbau beim Neuen Palais

Legeay, Gontard 1769

Right „Kommuns" building at the New Palace

Colonnade près du Nouveau Palais

Kolonnade beim Neuen Palais Gontard 1765–1769

Colonnade at the New Palace

POTSDAM

Nouveau Palais
Galerie du premier étage

Neues Palais
Galerie im ersten Stock
Gontard, Hoppenhaupt d. J. 1770

New Palace
Gallery in first story

Belvédère dans le Parc
de Sanssouci

Belvedere im Park
von Sanssouci
Unger 1770–1772

Belvedere in the
Park of Sanssouci

Château de Rheinsberg
Salle

Schloß Rheinsberg
Saal
Langhaus d. Ä. 1769

Rheinsberg castle
Hall

Palais de marbre près de Potsdam
Façade principale

Marmorpalais bei Potsdam
Vorderseite
Gontard 1789–1790

Marble palace at Potsdam
Front view

Palais de marbre
près de Potsdam
Grande salle

Marmorpalais
bei Potsdam
Großer Saal
Langhaus d. Ä. 1790

Marble palace
at Potsdam
Large hall

Palais de marbre
près de Potsdam
Cabinet de toilette

Marmorpalais
bei Potsdam
Ankleidezimmer
Langhaus d. Ä. 1790

Marble palace
at Potsdam
Dressing-room

Palais de marbre près de Potsdam
Chambre avec peintures
murales de Lüttke

Marmorpalais bei Potsdam
Zimmer mit Wandbildern
von Lüttke
1790

Marble palace at Potsdam
Room with mural
paintings by Lüttke

Théâtre dans le Parc de Charlottenburg

Schauspielhaus im Park von Charlottenburg
Langhaus d. Ä. 1789

Theatre in the Park of Charlottenburg

Salon du Château
Freienwalde sur l'Oder

Salon im Schloß
Freienwalde a. d. Oder
1790

Drawing-room in Freienwalde
castle on the Oder

Château de Paretz
Partie de milieu de
la façade de derrière

Schloß Paretz
Mittelteil der Rückfront
David Gilly 1797

Paretz castle
Middle=part
of back=view

Château de Paretz
Salle de jardin à tentures peintes

Schloß Paretz
Gartensaal mit gemalten Tapeten
David Gilly 1797

Paretz castle
Garden hall with painted wall-hangings

Château de Paretz
Chambre à coucher de Frédéric Guillaume III. et de la Reine Louise avec tentures peintes

Schloß Paretz
Schlafzimmer Friedrich Wilhelms III. und der Königin Luise mit gemalten Tapeten
David Gilly 1797

Paretz castle
Bed-room of Frederick William the Third and Queen Louisa with painted wall-hangings

Palais des Princesses
Façade sur la Place de l'Opéra

Prinzessinnenpalais
Front am Opernhausplatz
H. Gentz 1810

Princesses palace
Façade on Opera square

Château de Berlin
Salon où l'on prend le thé

Berliner Schloß
Teesalon
C. F. Schinkel 1825

Berlin castle
Tea-room

Charlottenburg
Pavillon de la bibliothèque

Charlottenburg
Bibliothekspavillon
C. F. Schinkel

Charlottenburg
Library=pavilion

Villa Charlottenhof

POTSDAM
Villa Charlottenhof
C. F. Schinkel 1826

Charlottenhof Cottage

WICHTIGSTE LITERATUR

CHRONOLOGISCH

M. Merian: Topographia Elector. Brandenburgici, 1652.
Elsholtz: Hortus Berolinensis (Beschreibung des Lustgartens in Berlin) Ms. boruss. qu. 12 der kgl. Bibliothek, 1657.
Lorenz Beger: Thesaurus Brandenburgicus, 3 Bände, 1696–1704.
Broebes: Vues des Palais et maisons de plaisance de S. M. Le Roy de Prusse. Augsburg, Merz, 1733.
Friedrich Nicolai: Beschreibung der kgl. Residenzstädte Berlin und Potsdam, Ausgaben von 1769, 1779 und 1786.
Matthias Oesterreich: Description des Deux Palais de Sanssouci 1773.
– Description des Groupes, Statues etc. qui forment la Collection de S. M. de Prusse 1774
– Beschreibung von denen Sieben neu erbauten Zimmern usw. in dem gewesenen Orangenhaus in Sanssouci (der Neuen Kammern). Potsdam, 1775. Neudruck 1924.
Hennert: Beschreibung des Lustschlosses und Gartens des Prinzen Heinrich zu Rheinsberg. Berlin, 1778.
H. L. Manger: Baugeschichte von Potsdam, besonders unter der Regierung König Friedrichs II. Berlin und Stettin, 1789–1790.
Rumpf: Berlin und Potsdam, 1804.
Schinkel: Sammlung architektonischer Entwürfe. Berlin, 1820—1840.
A. Kopisch: Die kgl. Schlösser und Gärten zu Potsdam, 1854.
Schasler: Berlins Kunstschätze, 1855.
W. v. Knobelsdorff: G. W. von Knobelsdorff. Berlin, 1861.
L. Schneider: Das Palais des Prinzen Albrecht. Schriften des Vereins für die Geschichte Berlins, Heft 3, 1870.
Dohme: Das kgl. Schloß in Berlin, mit 40 Tafeln. Leipzig, 1876.
– Möbel aus den kgl. Schlössern zu Berlin und Potsdam, 1889.
Gurlitt: Andreas Schlüter. Berlin, 1891.
P. Wallé: Leben und Wirken Karl von Gontards. Berlin, 1891.
R. Borrmann: Die Bau- und Kunstdenkmäler von Berlin. Berlin, 1893.
Rückwardt: Das kgl. Schloß zu Berlin (Tafeln), 1894.
– Das kgl. Schloß zu Charlottenburg (Tafeln), 1894.
Paul Seidel: Hohenzollern-Jahrbuch:
Jahrgang 1899: Schloß Monbijou bis zum Tode Friedrichs des Großen.
„ 1904: Das Potsdamer Stadtschloß bis zu Friedrich dem Großen.
„ 1911: Friedrich der Große als Bauherr.
„ 1912: Der neue Flügel Friedrichs des Großen am Charlottenburger Schlosse.
„ 1915: Die Wohnräume Friedrichs des Großen im Schloß Sanssouci und eine Reihe anderer wichtiger Aufsätze über die Schlösser.
Bogdan Krieger: Das kgl. Schloß Bellevue bei Berlin und sein Erbauer Prinz Ferdinand von Preußen. Berlin, 1906.
Th. Hinrichs: Karl Gotthard Langhans. Ein schlesischer Baumeister 1733–1808. Straßburg, 1909.
Hans Kania: Die Architektur der Stadt Potsdam im 18. Jahrhundert. Potsdam, 1909.
Albert Geyer: Die Bautätigkeit Friedrichs des Großen. Vortrag in der Akademie des Bauwesens 1912.

Hans Kania: Potsdamer Baukunst. Eine Darstellung ihrer geschichtlichen Entwicklung. (Neue Aufl. 1925.)
Kurt Kuhlow: Das kgl. Schloß Charlottenhof bei Potsdam. Dissertation der Technischen Hochschule. Berlin, 1911.
E. P. Riesenfeld: Friedrich Wilhelm von Erdmannsdorf, der Baumeister des Herzogs Leopold Friedrich Franz von Anhalt-Dessau. Berlin, 1913.
Hermann Schmitz: Berliner Baumeister vom Ausgang des 18. Jahrhunderts. Berlin, 1914, II. Aufl. 1925.
Hackmann: Das Schloß Bellevue und seine Stellung in der Architekturgeschichte Berlins. Halle, 1915.
Adolph Doebber: Heinrich Gentz. Ein Berliner Baumeister um 1800. Berlin, 1916.
Hermann Schmitz: Schloß Paretz. Ein kgl. Landsitz um das Jahr 1800. Berlin, 1919.
— Vor hundert Jahren. Festräume und Wohnzimmer des deutschen Klassizismus und Biedermeier. Mit farbigen Wiedergaben von älteren Aquarellen der Räume aus den kgl. Schlössern. Berlin, 1920.
— Das Marmorpalais bei Potsdam und das Schlößchen auf der Pfaueninsel. Berlin, 1921.
C. F. Förster: Das Neue Palais bei Potsdam. Berlin, 1923.
August Grisebach: Karl Friedrich Schinkel. Leipzig, 1924.
Rudolph Herz: Philipp Gerlach und seine Bauten. Ein Beitrag zur Baugeschichte des Preußischen Staates. Dissertation der Technischen Hochschule. Berlin, als Manuskript, 1924.
Paul Seidel: Friedrich der Große und die bildende Kunst. Leipzig und Berlin, II. Aufl. 1925.

PERSONEN- UND SACHREGISTER

7*

VERZEICHNIS DER SCHLÖSSER

Die Ziffern beziehen sich auf die entsprechenden Seiten im Text bezw. in den Tafeln.

BERLIN

POTSDAM

MARK BRANDENBURG

WEITERE WERKE DES VERFASSERS

Die mittelalterliche Malerei in Soest. Münster, 1906.

Soest und Münster. Berühmte Kunststätten. Leipzig, 1908 und 1911. Neue Auflagen in einem Bande 1926.

Die Glasgemälde des kgl. Kunstgewerbemuseums in Berlin. Mit einer Einführung in die Geschichte der deutschen Glasmalerei. Berlin, 1913.

Berliner Baumeister vom Ausgang des 18. Jahrhunderts. Berlin, 1914. II. Auflage 1925.

Berliner Eisenkunstguß. München, 1916.

Bildteppiche. Geschichte der Gobelinwirkerei. Berlin, 1919. III. Auflage 1922.

Die deutsche Malerei der Spätgotik und Renaissance. Band 2 und 3 der Geschichte der deutschen Malerei im Handbuch für Kunstwissenschaft. Neubabelsberg, 1920. II. Auflage 1924.

Vor hundert Jahren. Berlin, 1920.

Schloß Paretz. Berlin, 1920.

Das Marmorpalais und das Schlößchen auf der Pfaueninsel. Berlin, 1921.

Die Gotik im deutschen Kunst- und Geistesleben. Berlin, 1921.

Kunst und Kultur des 18. Jahrhunderts in Deutschland. München, 1922.

Hans Baldung, genannt Grien. Leipzig, 1922.

Meisterwerke deutscher Glasmalerei. Rund- und Kabinettscheiben. München, 1923.

Die Gobelins des Wiener kaiserlichen Hofes. Wien, 1922.

Die deutschen Möbel des Barock und Rokoko. Stuttgart, 1923.

Die deutschen Möbel des Klassizismus. Stuttgart, 1922.

Die Kunst des frühen und hohen Mittelalters in Deutschland. München, 1924.

Generaldirektor Ole Olsens Kunstsammlungen. Zwei Bände. München, 1924.

Das Möbelwerk. Stilgeschichte des Möbels. Berlin, 1926.

Goerd Peschken

N A C H W O R T

Hermann Schmitz (1882–1946) war Kunsthistoriker und Museumsmann. Sein erfolgreichstes Buch, Berliner Baumeister vom Ausgang des 18. Jahrhunderts, erschien 1914. Es steht heute im Handapparat im Lesesaal der Berliner Kunstbibliothek. Damals, am Ende der Kaiserzeit, gehörte Schmitz den national und liberal gesinnten Kreisen an, die soziale Reformen realisierten: Wohnungsbau ohne Hinterhöfe, wie Emmerich & Mebes für den Beamtenwohnungsverein ausführten – mit beiden Herren war Schmitz befreundet, unterstützte sie publizistisch –, und Arbeiter-Kaffeehäuser der Arbeiter-Vereine. Den Handwerker- und Arbeiter-Vereinen und Gewerkschaften, vorzugsweise den katholischen, diente Schmitz mit Vorträgen und Führungen im Museum. Große Industrielle wie Walter Rathenau förderten solche Reformen – auch zu Rathenau hatte Schmitz persönliche Beziehungen. Selbst der Kaiser stand der sozialen Frage in seiner Weise aufgeschlossen gegenüber, woher er in Schmitz' Büchern ganz gut wegkommt. Hermann Schmitz, ein nationaler, ein deutscher, ein preußischer Katholik ganz vorn bei den Sozialreformern.

1918/19 fand Schmitz sich auf der konservativen Seite wieder. Weil er nicht zu den Ultrakonservativen gehört hatte, die den Krieg losgetreten hatten, verstand er nun die nicht, die alles umstürzen wollten. Er nahm sie wahr, sah sie aber distanziert: die Forderung des Arbeitsrats für Kunst z. B., daß der Staat die Moderne durchsetzen müsse, war doch viel autoritärer als die seinerzeit vielkritisierten Eingriffe des Kaisers in die Kunst! Bruno Tauts bunter Anstrich eines Hauses in Magdeburg: ein Narrenkleid ... Schmitz verstand nicht warum eine solche Provokation nötig sein sollte. Die expressionistische Gotik von 1920 – Schmitz schrieb ein Buch über deutsche Gotik und Neugotik und erklärte, daß der zurückhaltende Neuklassizismus nach dem Vorbild von 1800 doch der vernünftigere Stil sei. Was ja auch richtig war. Nur daß Schmitz' Mitbürger eben nicht vernünftig, sondern innerlich tief zerrissen waren und metaphysischen Halt suchten. Kurz, rheinische Herkunft und Katholizismus distanzierten Hermann Schmitz vorerst von den typisch deutschen Extremen preußisch protestantischer Provenienz.

Wie vor dem Krieg hielt er weiter seine Vorträge bei den Arbeitervereinen, hatte aber nun eine zusätzliche Sorge: daß bei der politischen Neuordnung möglichst wenig kulturelle Substanz verlorengehn möchte. In dem Zusammenhang schrieb er das Buch über die Preußischen Königsschlösser. Die Auseinandersetzung zwischen dem ehemaligen Königshaus und dem Preußischen Staat darüber, welche Schlösser und was von ihrem Inventar dem Staat zukäme, was den Hohenzollern (also dem Kaiser), näherte sich damals dem Abschluß. In den Ministerien wurde darüber nachgedacht, in Politik und Öffentlichkeit diskutiert, welche von den nunmehr staatlichen Schlössern als ›Museums-Schlösser‹ geöffnet, welche anderweitig verwendet werden sollten. Schmitz gehörte zu den ganz wenigen, die das kulturelle Gewicht der Schlösser einschätzen konnten, fühlte sich verantwortlich. Sein Buch sollte die Minister und die Ministerialbeamten verpflichten, die über den einstigen Kronbesitz wohl lieber disponiert hätten, ohne daß die Öffentlichkeit zuviel Anteil nahm. Und die neue Schlösserverwaltung daran hindern, die Schlösser den neuesten kunsthistorischen Theorien anzupassen: sie sollten auch als historische Denkmäler respektiert werden. Schmitz mischte sich auch sonst in die Kulturpolitik. Den Ausbau des Pergamonmuseums z.B. hätte er lieber zurückgestellt gehabt zugunsten der Pflege von Volkshochschulen (womit er glücklicherweise nicht durchdrang). Er war gegen die Rückgabe der Nofretete an Ägypten, die vom Kultusminister erwogen wurde, weil die Rechtmäßigkeit der Erwerbung zweifelhaft war; er war gegen den Verkauf von Wandtäfelungen aus dem französischen 18. Jahrhundert, die bei räumlichen Verschiebungen in den Museen störten – in diesen beiden Fällen gelang es ihm, die Museumspolitik des Kultusministers, seines Vorgesetzten, zu durchkreuzen. Als er dann an der Reihe war, Direktor des Kunstgewerbemuseums zu werden, zog man ihm einen anderen vor. Er ging aus Protest. (Auch Bode fand, daß man Schmitz Unrecht tat.) Schmitz schrieb sich seine Wut über das sozialdemokratische Preußen der Weimarer Republik in ›Revolution der Gesinnung!‹ vom Leibe.

Als die Nationalsozialisten 1933 mit dem Gesetz über die Wiederherstellung des Berufsbeamtentums die Juden auch aus den Museen entließen, wurde Schmitz wieder eingestellt. Er wurde Direktor der Kunstbibliothek, in der er 1904 seine Museumslaufbahn begonnen hatte. Die Bibliothek war erst 1924 selbständige Abteilung der Museen geworden, ursprünglich hatte sie zum Kunstgewerbemuseum gehört. Ihre Direktion war weit weniger angesehn als diejenige des Kunstgewerbemuseums, die das Berufsziel von Schmitz gewesen war. Man kann nicht sagen, daß er eine Nazi-Karriere gemacht hätte. – Kaum war er, nach dem ersten Jahr als kommissarischer Leiter, formell eingesetzt, als das Reichssicherheitshauptamt von einem Tag auf den andern die Kunstbibliothek aus ihrem Gebäude in der Prinz-Albrecht-Straße warf. Die Bücher wurden mit Händekette den Bürgersteig entlang in den Altbau des Kunstgewerbemuseums nebenan (heute der ›Martin Gropius-Bau‹) hinübergegeben und dort in Lichthof und Gängen aufgestellt. Dies Provisorium blieb über seine Direktionszeit bestehn. Eine andre amtliche Aufgabe dieses Jahres 1934 war, die Kostbarkeiten der Kunstbibliothek für die Bergung vor Bombenangriffen auszuwählen und vorzubereiten. Trotz solcher Erfahrungen war er, wie die große Mehrheit auch der Gebildeten, mit dem neuen rechtsautoritären Regime einverstanden, zumindest anfangs.

Er setzte seine Volksbildungsarbeit fort. Man erschrickt, wenn man eine Vortragsreihe über Rassentheorie verzeichnet findet. Man muß dazu aber wissen, daß Rassentheorie schon Generationen vorher ein seriöses Forschungsthema geworden war (zur Rechtfertigung der kolonialherrschaftlichen Interessen des Weißen Mannes...). Liest man dann Vortragsresumees aus der Reihe in der Kunstbibliothek, findet man die internationale Forschung referiert. Schmitz stellte den wüsten Vergröberungen und Verfälschungen, die damals üblich wurden und opportun waren, den Forschungsstand gegenüber. Ich möchte seine bürgerliche und wissenschaftliche Ehre ein wenig in Schutz nehmen vor den heute so verbreiteten wohlfeilen Verurteilungen durch Leute, die nie etwas andres erlebt haben als die Bonner Republik.

1941 ging Hermann Schmitz aus gesundheitlichen Gründen in den Ruhestand. Kurz vor Kriegsende wurde er nach Dresden evakuiert, hat dort den schrecklichen Luftangriff erlebt, und ist Anfang 1946 in Hunger und Elend gestorben.

Sein Buch über die Preußischen Königsschlösser ist überhaupt der erste Überblick über deren Gesamtheit, und geht noch darüber hinaus, indem einige Bauten des Hofadels beigezogen sind. Schmitz stellt die brandenburgisch-preußische höfische Architektur vom Großen Kurfürsten bis zum Ende des Absolutismus 1848 dar. Wo nötig, bezieht er auch Bauten ein, die damals schon nicht mehr standen oder in Umbauten aufgegangen waren. Von denen, die damals noch standen, sind heute so manche nicht wiederzufinden; sein Überblick wäre gegenwärtig garnicht mehr zu gewinnen. Diesem Buch fehlt nur die üppige, auf Vollständigkeit zielende Bebilderung von ›Berliner Baumeister um 1800‹, und es wäre ebenfalls zum Handbuch geeignet. Wieder die Zusammenhänge klar und genau formuliert, wieder bei aller Pietät im ganzen unbestechliches Urteil über den künstlerischen Rang im einzelnen, wieder kein Fachjargon, wieder Allgemeinverständlichkeit ohne flach zu werden – diese höchste Fachbeherrschung, die bei uns so selten ist und, leider, auch nicht so hoch angesehn wie bei unsern westlichen Nachbarn, mit einem Wort: meisterlich.